SMART SUBSCRIPTION

SMARTサブスクリプション

第3世代サブスクリプションが
B to Bに革命を起こす!

サブスクリプション総合研究所
宮崎琢磨　藤田健治　小澤秀治

東洋経済新報社

プロローグ

SMART
Subscription

サブスクリプションがビジネス革命を起こす

いま、新たなビジネス革命が起ころうとしている。

革命の担い手は、サブスクリプション。ここ数年で急激に認知度を高めてきたビジネスモデルのように思えるが、実は意外なほど昔から続く、伝統的なスタイルでもある。

サブスクリプションは第1世代、第2世代と進化を遂げながら、さまざまな産業に大きなインパクトを与えてきた。そして、いま、第3世代であるSMARTサブスクリプションが登場し、サブスクリプションがビジネス革命を起こす可能性がさらに高まってきた。IoTをはじめとするデジタル技術の進歩、社会の意識変化、規制緩和といった環境変化がサブスクリプションの進化、発展を大きく促していることも見逃せない（第1－第3世代については第2章以降で詳述する）。

サブスクリプションとは、何も欧米生まれの名だたる新興勢力が提供しているコンシューマー向けビジネスだけを指すのではなく、既存の商品やサービスの決済や課金の手段を変え、月額課金や従量課金に仕立てたビジネスモデルだけでもない。

サブスクリプションが活用できるのはＢtoＣの世界だけではなく、ＢtoＢの世界においても十分に有効なビジネスモデルであり、ビジネス革命の主役になり得るものだ。そしてＢtoＢの世界において、サブスクリプションは決して自分だけが生き残ろうとするのではなく、既存の産業の仕組みを尊重し、歩み寄り、その上で新しい価値を創造できるものだと考えている。「建設的なイノベーション」こそが、日本企業が目指すべきゴール地点ではないだろうか、そのような思いから本書を執筆したと理解していただきたい。

「顧客と継続的な関係を担保している」ビジネス

ここでサブスクリプションをはっきりと定義しておこう。

インターネットで「サブスクリプションとは」というキーワードで検索をしてみると、多くの答えがずらずらとヒットする。だが、**サブスクリプションとは、「顧客と継続的な関係を担保している」**ビジネスにほかならない。

必要な製品やサービスを利用するたびに対価を支払うのが売り切り型のビジネスモデルだとすれば、顧客との継続的な関係が担保されている状態で販売／購買するスタイルを前

サブスクリプションとは

業界	提供されるもの	プラン	提供方法
飲食	形のある（Tangible）モノ（乗り物・コーヒー…）	月額定額	毎回デリバリー／初回のみデリバリー
ソフトウェア		プラン変額	
コンテンツ	形のない（Intangible）モノ（ソフトウェア・コンテンツ…）	従量	対面販売／非対面販売
乗り物			
機械	権利（保守・フリーパス…）	売り切り	直販／販路モデル
…		……	

◎ すべて「サブスクリプション」

面に押し出したのがサブスクリプションのビジネスモデルである。

この観点で考えると、サブスクリプションは実に幅広いビジネスを網羅していることがわかる。コンテンツ業界に破壊的なイノベーションをもたらしているネットフリックスやスポティファイはもちろん、コーヒーの定額飲み放題やプロのスタイリストが選んだ服が毎月届く定額サービスも、すべてサブスクリプションだ。もちろん古くからある定期購読制の新聞もサブスクリプションに該当する。

どれが本物のサブスクリプションで、どれが偽物のサブスクリプションだということではない。月額固定のラーメンの食べ放題も、化粧品の定額お届けサービスも、自動車の乗り換えサービスもサブスクリプションといっていいのだ。

そして、一般の消費者の目には触れないながらも、きめ細かな対応で顧客の注文や依頼に応じ、密な関係を築き上げている日本のＢtoＢの製造業もまた、「顧客と継続的な関係を担保している」という意味においてはすでに広義のサブスクリプションを体現しているといえるだろう。

日本のビジネス革命の主役たり得るのはＢtoＢのサブスクリプション

さまざまなサブスクリプションがマーケットを席巻し、イノベーションを引き起こしている中で、ビジネス革命のこれからの主役たり得るのはＢtoＢのサブスクリプションだと考えうる。サブスクリプションは、多くの日本企業、とりわけ製造業がそのメリットを享受できる可能性は非常に高い。

これまで日本の製造業は性能や機能において優れた製品を提供し、日本経済を牽引してきた。だが、デジタル技術やあらゆるモノがインターネットにつながるＩｏＴの発展によってＩｎｄｕｓｔｒｙ４・０（第４次産業革命）が進む中、「良いものを作れば売れる」という確信は揺らぎ、グローバル競争に打ち勝つためにビジネスモデルの刷新を急いでいる。

モノよりもサービス、サービスよりも価値。世界的なビジネストレンドを背景に、日本の製造業は、機器や部品、製造装置などの製品を販売し、その後はメンテナンスやサプライ品の販売といったアフターサービスで収益を得る「モノ」を中心としたビジネスモデルから、顧客に新たなユーザーエクスペリエンス（体験価値）を提供して継続的に対価を得る「コト」を中心としたビジネスモデルへと軸足を移そうとしている。このとき、有効な「解」となるのがサブスクリプションだ。

BtoCの世界でサブスクリプションを導入しようとすると、いかにユーザーを多く獲得するかの競争に明け暮れがちになる。どれだけ多くの会員を集めるか、いかにたくさんのユーザーとタッチポイントを作るかが生命線となり、シェア争いの熾烈な競争が繰り広げられる。

しかし、BtoBのサブスクリプションであれば、いま自社が持っている市場に対してサブスクリプションを導入すればいいだけの話だ。特に寡占を目指す必要はない。インターネット上にタッチポイントをいまだに設けていない企業が多いため、タッチポイント作りは優先して行う必要があるが、サブスクリプションは既存ビジネスとの連動性が高い。いま、すでにある自社の顧客基盤に組み入れるだけでいい。

ただし、サブスクリプションを単なる定額課金や従量課金と捉えることは避けるべきである。大事なのは顧客側のニーズに応えるために、自社の製品を介してどのようなソリューションを提供できるかを検討することなのだ。そしてこのソリューションを提供するために顧客との間で契約などで「継続的な関係を担保した」ものが、サブスクリプションにほかならない。

サブスクリプションによって、製品の売り切りという「モノ」からソリューション提供サービスという「コト」、さらにはそれを超えたまったく新しい価値の提供へとビジネスモデルを変えていくことができる。これこそがサブスクリプションがもたらしうる「ビジネス革命」だ。

顧客とのエンゲージメントを深め、新たなビジネスを創出する

BtoBのサブスクリプションには、さらなる利点がある。サブスクリプションは顧客との結びつき（エンゲージメント）を強固にする効果が高い。エンゲージメントが強くなれば、そこから既存のビジネスを強化するヒントが生まれるかもしれないし、あるいは新たな別のビジネスの創出も期待できるかもしれない。顧客とのエンゲージメントを強めること、その手段としてのサブスクリプションは、これまでのビジネスの延長線上にあるとい

う意味で、特にBtoBにおいてローリスクでありながらハイポテンシャルなのだ。

もちろん、BtoBであればサブスクリプションはすべてのビジネスにすぐに応用可能、というわけではないのだが、例えば複写機や工作機械のように、製品を納入するだけではなく、毎月メンテナンスを実施するなど、顧客との関係性をきっちりと担保している企業であれば、サブスクリプションは導入しやすい。現に、こういった企業の中から優れたサブスクリプションの取組みが進行している。

優れた製品やサービスを提供し、日本だけでなく、海外でも確固たるポジションを確立し固定客を確保している日本の製造業はたくさんある。サブスクリプションに目を向け、自社の強みを活かしたサブスクリプション型ビジネスモデルにシフトしたとき、既存ビジネスは進化し、新規ビジネス創出のチャンスも膨らんでいくはずだ。

多くの企業でビジネス革命が進行すれば、日本経済も活性化する。サブスクリプションはそれだけの可能性を秘めている。

では、いかにしてサブスクリプションはビジネス革命を牽引していくのだろうか。まずは第1章から、話題性に目を奪われがちな表層的なサブスクリプションの例や、ビジネス革命としてのサブスクリプションの本質、さらには進化型のサブスクリプションの実態について明らかにし、その後、日本の製造業の可能性について迫ることとしよう。

目次

プロローグ

第1章 表層としてのサブスクリプション

第2章 サブスクリプションはビジネス革命そのものだ

第3章
これが第3世代のサブスクリプションだ!

第4章 GAFAコンプレックスは失敗の元

第5章 日本企業にこそチャンスがある

第6章　事例編

事例1

エピローグ

図版出所：サブスクリプション総合研究所

第1章

表層としてのサブスクリプション

SMART Subscription

2018年を代表する流行語に選出

サブスクリプション、略して「サブスク」。ほんの2、3年前までは一部の人を除けばほとんど口の端に上ることのなかった言葉が、いまやすっかり流行語の仲間入りを果たしている。サブスクリプションはようやく日本にも普及し始め、いまでは**これからのビジネスを語る上では欠かせないキーワード**として多くの人に知られるようになってきた。

それをよく表しているのが、日本経済新聞社が毎年、消費動向や世相を踏まえ、売れ行きや開発の着眼点、産業構造や生活心理に与えた影響などを総合的に判断した上で発表している「日経MJヒット商品番付」だ。

番付の上位にランクインしたモノやサービスは、間違いなくその年を代表するヒット商品といってよい。この栄誉ある番付の2018年版で、サブスクリプションは、東の横綱「安室奈美恵」、西の横綱「Tik Tok」、東の大関「スマホペイ」に次いで西の大関に選出された。

2018年はサブスクリプションにとって大きな転換点だったといえるだろう。7月には、話題の経済テーマをわかりやすく解説する日本経済新聞の人気コラム「やさしい経済学」で経済学者である川上昌直氏（兵庫県立大学教授）によって取り上げられ、10月にはダイヤモンド社からそのものズバリのタイトルを冠した邦訳書『サブスクリプション』が刊行された。

サブスク人気は２０１９年に入ってからも継続中だ。２０１９年1月には、「週刊ダイヤモンド」２０１９年2月2日号で『トヨタ・パナ・ソニーも参戦　サブスク革命』と題する特集も掲載されている。6月には日経ＢＰから『サブスクリプション２・０　衣食住すべてを飲み込む最新ビジネスモデル』が、翌7月には『サブスクリプション実践ガイド』が英治出版から発売されている。

一般紙の朝日新聞でもサブスクリプション特集が掲載され、ネットメディアでもサブスクリプションにフォーカスしたコンテンツは後を絶たない。

とりわけ人々の関心を集めたのが、トヨタ自動車がサブスクリプションサービス「KINTO」の開始を発表した２０１８年11月1日のニュースだ。

毎月定額料金でレクサスをはじめとするトヨタの車を気軽に乗り換えることができる「KINTO」の話題性は抜群だった。「Google」での検索回数をもとに人々が何に関心を持っているのかを測る指標「Google Trends」で、サブスクリプションというワードが11月を境に急上昇しているのである。これは明らかに「KINTO」効果だ。**トヨタまでもがサブスクリプションへシフト**している。このニュースにどれだけ衆目を集めるインパクトがあったかがうかがえよう。サブスクリプションが「サブスク」として流行語に「化けた」のである。

サブスクリプションも適材適所で

しかし、いま世間一般、特にマスコミで話題に上りがちなサブスクリプションの例は、実はそのほとんどが本来の**サブスクリプションがカバーしうる領域のほんの一部**でしかないことは知られていない。伝えやすさ＝わかりやすさを重視しているためか、極めて単純化された、ある種、表層的なサブスクリプションばかりが喧伝され、脚光をあびている。

確かに、たとえ単純化されたものであっても、サブスクリプションの持つ魅力や可能性を伝えていることは間違いない。しかし、あくまで一部でしかないサブスクリプションを全体だとみなしてしまうと、サブスクリプションが持つ本質やさらに深遠な可能性が見えなくなってしまう。

後述するようにサブスクリプションは歴史自体も古く、しかも昨今は大きな進化を遂げており、本来、あらゆる業種・業態でその良さを享受しうる懐の深さを備えている。しかし、マスコミが伝えようとする「世間でよく取り上げられる」サブスクリプションは、当然のことながら、より広い層に受け入れられるようにパッと見たときのわかりやすさが重視されている。

これは、もちろんサブスクリプション自体への理解がまだそこまで進んでいない、ということもあるだろう。しかし本来、「顧客との継続的な関係性が担保」されていることをサブスクリプションの定義とするならば、「サブスクリプション」がカバーできる語義範囲は、「決済」や「会員制」、「eコマース」といった言葉に匹敵するほど広い。そうであるなら、本来はさまざまな業種・業態、商材、地域といったジャンルごとに最適化されたサブスクリプションがあって然るべきだといえる。長い歴史の中で突出した力を持つに至った日本企業はグローバルに事業を展開し、市場を席捲し、存在感を発揮してきた。それを支えてきたのが日本独自の企業文化であり商習慣だ。そうした日本企業の強みは、ともすればグローバル・スタンダードが尊重される時代の中でガラパゴス的と否定されることも少なくないが、日本企業ならではの特性や個性が頑として存在している以上、それを無視したサブスクリプションはあり得ないのではないだろうか。そうしたサブスクリプションの可能性が、本来伝わるべき層、特にビジネスパーソンに対してきちんと伝えられないまま、単なる流行り言葉として世の中を通り過ぎていくのは、あまりにもったいないことではないだろうか。

本書では、単純化された、ある種、表層的なサブスクリプションではなく、**現時点では広くノウハウがシェアされていない、より複雑なビジネスとも融和し活用できるような、「深い」サブスクリプションについて多くのページを割いていく**。それにはまず、単純化されたサブスクリプションとはどんなものなのかを少しおさらいしてみよう。

もっとも単純な、「値札替え」をしただけのサブスクリプション

いわゆる店舗ビジネス、特に小規模で、誰にでも親しみのある飲食や消費財におけるサブスクリプションの導入例においては、単純化されたサブスクリプションの特徴を多々見いだすことができる。別の見方をすれば、**単純化されたサブスクリプションは耳目を集めやすく、理解しやすい**ため、飛びつきやすいということの表れかもしれない。

例として、とある都内のカフェチェーンを挙げよう。

3つの店舗を構えるこのカフェチェーンは、3年前に「月額固定でコーヒー飲み放題」のサブスクリプションをスタートした。現在は、ユーザーはあらかじめインターネット上で会員登録し、月額料金3000円（税込み）を支払うと、1カ月間は来店のたびに、普通に買うと1杯300円するハンドドリップコーヒーを注文できる。1日に複数回利用することも可能だ。このカフェチェーンでは、コーヒーだけでは赤字になるものの、サブメニューを増やし「ついで買い」を促すなどして黒字化できているという。サブスクリプションのみならず、後述のクロスセル（他の製品／サービスを合わせて買ってもらうこと）等も活用し、収益を向上させた好例といえるだろう。

同じようなサブスクリプションは多数生まれており、紹介例を見ない日がないほど、よく取り沙汰されている。こういった、これまで売り切りで扱っていた商品を定額化してリピート購買を許容する「～放題」「～が毎月届く」タイプのビジネスのスタイルは似通っている。扱う商品が異なるだけだ。花、化粧品、洋服、アクセサリー、日本酒、コンタクトレンズ、絵本、ラーメン。こうしたサブスクリプションでは、**既存のリソースを転用できる販売プランを設計し、シンプルな定額課金を選択する傾向が非常に強い**。販売モデルも、ビジネス自体が小規模であるため、直販のみの単純なものとなる。

この構造においては、以下のような若干ネガティブな2つの要素が生まれがちだ。

1　ビジネスモデルが、売り切りのときと本質的に同じ＝単純な値札替えでしかない
2　そのため経済合理性が算出しやすい。よって逆説的に、売り手と買い手のバランスを上手に取らなければならない

1については、わかりやすいはずだ。コーヒーの定額飲み放題もラーメンの定額食べ放題も、提供される商品、提供する手法、ひいては提供する顧客も従来と変わらない。単に、都度払いを定額に変更して顧客の月間の支払額を固定している＝値札替えをしているに過ぎない。

2は、あまり深く考えずに月額固定のサブスクリプションを追加した場合、当然のことながら、都度売りで提供されている商品がサブスクリプションと同時に存在していることになる。つまり、「サブスクリプションに加入したほうが得なのか」という経済合理性を、顧客がいともたやすく算出できてしまうのだ。

経済合理性の算出しやすさは、残念ながら、売り手にはあまり良い方向に作用しない。ヘビーユーザーは「おトクだ」と感じて長期的に利用をコミットするだろうが、売り手にとっては、本来このような顧客は固定の月額を上回って購買してくれた可能性が高い上客

である。つまり、**サブスクリプションを導入したがゆえに機会損失がもたらされた**とも考えられる。

カフェの例でいえば、もともと毎日通って飲んでいたコーヒーをより割安な価格で好きなだけ飲めるようになるのだから、顧客には喜んでもらえるだろう。ただし、顧客に提供した「お得感」は、ショップにとっては「減益」にほかならない。

さらにいえば、その顧客は日常的にショップを訪れる中で、「今日はカフェラテの気分」、「たまにはコーヒーフロートにしてみよう」などと、より収益性の高い商品を選ぶ可能性があったかもしれない。しかし、「コーヒーなら追加料金なしで飲める」となれば、そうしたアップセル（より高い製品／サービスを買ってもらうこと）へのモチベーションはまったく働かなくなってしまう。

一方、そこまで利用に積極的でない顧客は「都度購買のほうが得なのではないか」と疑問を持ち、サブスクリプションを解約（チャーン）する可能性が高くなる。顧客はカフェに来店する予想回数とコーヒーの単価を掛け算し、「元を取れるかどうか」が判断できる、つまり、経済的な合理性を算出できてしまうためだ。この両方のリスクを避け、絶妙に売り手と買い手のバランスを取ったサブスクリプション、特に月額固定のサブスクリプションというのは、実は非常に設計が難しい。

ジレンマを避ける3つの方法

ちなみに、このジレンマには、3つの回避法がある。

1 買い手に有利なインセンティブを与える（「固定客」の確保のために売り手が一定の損失を許容する）
2 商品をそれしか買えないようにし、そもそも比較できないようにする
3 新たな価値を持つ、まったく別の商品にしてしまう

1は説明の必要はないだろう。例えば「アマゾン定期おトク便」のように、「都度購買でなくサブスクリプションを選択してくれれば、価格を割り引きしますよ（さらに、家まで宅配しますよ）」というように、買い手に有利なインセンティブを別途設定することで、「固定客」の確保を優先するという方法だ。

先のコーヒーの飲み放題も「もっと頻繁に、あるいは高額商品を注文してくれたかもし

れない」という機会損失のリスクを、月額固定ですむという買い手に有利なインセンティブとして許容し、その代わりに隣のカフェでなく当店でコーヒーを飲む、という**結びつき（エンゲージメント）の保証に置き換えている**とも考えられ、この発想の範疇《はんちゅう》内にあるといえる。

別の見方をすれば、いま多く見聞きするサブスクリプションの事例はこの領域に集中しており、世の中で広く問われる「サブスクリプションのノウハウ」も、いまだに「買い手に有利なインセンティブの許容量の設計をどうすればよいか」がほとんどだ。この、ごく限られた領域での議論に現在多くの論が割かれていることをみても、逆説的にではあるが、サブスクリプションにまつわる議論・考察の余地の巨大さ、いうならばサブスクリプションが持つ懐の深さと発展の可能性を感じていただけるのではないだろうか。

2は、「経済合理性を比べられないようにしたいのなら、そもそも比較の対象がなければいい」という逆転の発想である。月額固定のサブスクリプションを導入するなら、都度購買の商品をなくしてしまうのが一番いい。

とはいえ、これはまさに「言うは易《やす》く行うは難《かた》し」で、その道は険しい。まず、そもそも「都度購買の商品をなくしてサブスクリプションに絞る」こと自体、事業判断として高いリスクを取ることになる。価格設定を含む商品設計がうまくいけば万々歳だが、失敗したときにリカバリーのしようがない、不退転の選択になってしまうからだ。

さらに、その領域で自分だけがビジネスをしており、市場全体での比較の対象がなくなるならこの仮説も成り立つが、隣のカフェが相変わらず300円のコーヒーを売り続ける以上は、自分の店だけ月3000円の飲み放題に一本化したとしても、顧客が経済合理性の算出をできなくなるわけでなく、意味がない。

この戦略を成立させるためには、次に触れる米アドビのサブスクリプション切替戦略が奏功したように、そもそも市場で寡占または独占的なポジションを確立している必要がある。市場で多数の競合から選択されることが前提となり、他にいくらでも代替手段がある本例の飲食や消費財の小売ビジネスなどでは採りづらい戦略であることは容易に想像できるだろう。

3はのちほど詳説するが、2の「経済合理性を比べられないようにしたいのなら、そもそも比較の対象がなければいい」という思想の延長線上にある。既存のモノをベースにサービスを組み合わせるなどして、別の商品、別のソリューションに仕立て上げる、というアプローチであり、かなり「本命」の解決策となりうる。昨今、「モノ売りからコト売りへ転換せよ」といった論調がビジネス誌を賑わせているが、目指すところは同じである。つまり、「モノ売りからコト売りへの転換」は、ビジネスをソリューション化しサブスクリプション商品とすることでありながら、単純な値札替えですませてしまうことではない。あくまで、これまでのモノと価値・値札が比較できない別の商品、別のソリューションに昇華させることが肝要である。この論点は本書でも大きなテーマとして、特に第2・3・5章で取り扱う。

ともあれこのように、ビジネスモデルをほとんど変えず、シンプルな定額課金の商品を追加するという**「ハードルの低い」サブスクリプションの導入は、仕組みが単純であるがゆえの隙ができやすい**。特にこの、単なる「値札替え」のサブスクリプションに留まってしまうと、始めるのは簡単だが、収益を上げるのは容易ではない場合が多い。これが、「世間でよく見る」サブスクリプションが、わかりやすく耳あたりが良い一方で、失敗例を含みながら単なる流行り言葉として世の中を通り過ぎていくのではないか、と危惧する理由でもある。

サブスクリプションは事業者に多くのメリットを与える

サブスクリプション界隈が昨今、一段と熱を帯び、市場に普及している背景をいくつかの視点から俯瞰してみよう。

そもそも、参入企業にもたらされるメリットがあるからこそ、サブスクリプションビジネスの拡大は促される。後のネットフリックス同様、多分に米国的なビジネスモデルではあるが、アドビのソフトウェア「Adobe Creative Cloud」はその最たるものだろう。クリエイティブの世界で定番ツールとなっている「Photoshop」や「Illustrator」などのソフトウェア開発ベンダーとして知られるアドビは、従来これらのソフトウェア製品を単体もしくはセットにした形でパッケージ販売してきた。

このビジネス戦略をアドビが大きく転換したのは2011年。ソフトウェアの提供形態を「Creative Cloud」と呼ばれる年間契約のライセンス（＝定額課金）に移行すると発表した。しばらくの間、従来どおりパッケージも併売していたため、いきなりサブスクリプションに移行したわけではないが、現在では各ソフトウェアの最新版は「Creative Cloud」でのみ提供されており、実質的にはほぼ完全にサブスクリプションへ移行したといえる。

これによってアドビの業績はどのように変化したのだろうか。2015年度に47億9551万ドルだった売上は、2016年度には58億5443万ドル、2017年度には73億1500万ドル、そして2018年度には90億3000万ドルへと、年率20％を超える右肩上がりの成長を続けている。

マイクロソフトの「Office」も、従来はアドビと同様、物理的なパッケージを擁した売り切りでの販売が基本となっていた。その方針を２０１６年に大きく転換し、販売の主軸をサブスクリプションの「Office365」へと形態ごとシフトしてからというもの、業績は絶好調。２０１８年は8年ぶりにアップルを抜き去り、時価総額世界一に返り咲いた。ソフトの不正使用も大幅に減ったという。サブスクリプションとクラウド事業を加速させた戦略の勝利である。

このようにサブスクリプションは売り切り型のビジネスとは異なり、うまく進めば**継続的に安定的な収益を得やすい**。売上の試算も容易だ。特に、例に挙げた2社は市場で独占的なポジションであったため、「それしか買えない」というビジネスモデルに大胆に舵を切ることができた。

「Photoshop」や「Illustrator」、「Office365」などのソフトウェアは、**ほかに代替する商品がなく、独占的なポジションを市場で確立している**。これらのソフトウェアを使いたければ、顧客はベンダーが呈示している購買方法、この場合は定額の課金プランによるサブスクリプションを選ぶしかない。

しかも、ほかに選択肢がなく、市場に代替商品もないため、経済合理性を算出して比較する、という行為そのものも不可能になってしまう。コーヒーのようにほかにいくらでも代替手段がある商品とは異なり、対象とする顧客の購買行動そのものが違っているのだ。市場の競争に勝利し、寡占的、独占的なポジションを確保しているビジネスはこのように、サブスクリプションの活用意義と、それによるメリットを最大限に高めることができる。

既存顧客を維持し、いかに離反させずに固定化を図るかを重要視するマーケティング手法はリテンション（顧客維持）マーケティングと呼ばれている。**サブスクリプションはこのリテンションマーケティングに大きな効果を発揮する。**「顧客と継続的な関係を築く」サブスクリプションとリテンションマーケティングとは本質的に親和性が高いのである。

さらに、サブスクリプションには、新規客の導入障壁を下げやすいという利点もある。収益期待を想定継続期間から逆算して商品設計することが多いサブスクリプションは、当然のことながら、売り切りする場合と比べて利用者のイニシャルコスト（初期費用）が低くなる傾向にある。心理的予算的なハードルの低さは新たなファンをつかむには効果的だ。

ライフタイムバリュー（ＬＴＶ：顧客生涯価値）の観点からも、サブスクリプションは有効性の高いビジネスといえる。ＬＴＶとは、顧客のロイヤルティを上げ、一人の顧客の現在から将来に至るまで、企業にもたらすであろうトータルの利益から割り出される価値を意味する。

ＬＴＶが高ければ、それは**一人の顧客がそのサービスを何度もリピートし利用している**ということ。「顧客との継続的な関係が担保されている」サブスクリプションであれば、長期にわたってリピート購入が期待できる顧客を獲得しやすく、ＬＴＶを増大させやすい。第３世代サブスクリプション（第３章）であれば、アップセル／クロスセルの頻度を増してさらに効率化を図ることもできるだろう。

規模でなく、ビジネス自体が持つ「スタイル」に呼応させる

一方、いま挙げたような例はよく見聞きするものの、自社や自分の取り組むビジネスとは少し趣が異なると感じるビジネスパーソンが多いのではないだろうか。こういった単純化されたサブスクリプションの例は自社や自分のビジネスとは違う世界のことで、参考にならない、と考える向きも多いように思う。

しかし、単純かそうでないか、というサブスクリプションの「スタイル」は、実はその規模に応じているわけではなく、**ビジネスの「スタイル」に呼応しているだけ**である。ビ

ジネスの指向と合致するのであれば、無理に複雑な仕組みを考えたり導入したりしなくても、シンプルなマス型のサブスクリプションのスタイルで、大規模なビジネスにおいても絶大な効果を上げることはできる。

また、先の経済合理性をうまく隠せる仕掛けなど、広く応用できるノウハウもあるため、一見自分の、あるいは自社の事業にこの単純なスタイルではそぐわないと感じたとしても、実は学ぶべきところは多い。

ここで、単純化されたサブスクリプションのスタイルでありながら、**既存の産業構造に打撃を与えるほどの巨大なインパクトとなっている例**を挙げてみよう。

まずは、音楽ストリーミングサービスのスポティファイやアップルミュージックを例に考えてみたい。

スポティファイの場合、有料プランでは月額料金（プレミアムプラン）は980円。この値段で、4000万曲以上の中から好きな曲を端末にダウンロードし、オフラインでもオンデマンド再生でも音楽を聴くことができる。曲順再生やシャッフル再生、リピート再生も可能で、「高音質」も選べる。

アップルミュージックの個人向けプランも月額980円。楽曲数は約5000万曲。サービスの内容はスポティファイとほぼ同じ。先のカフェが小売りでよく想像される例であるならば、インターネットサービスでサブスクリプションと聞いたときに誰もがすぐにイメージするのは、この両者のようなサービスではないだろうか。

既存のセールスエコシステムを無視した直販型

スポティファイは、音楽ストリーミングサービスを提供する会社として誕生したスウェーデンのスポティファイ・テクノロジーが始めたサブスクリプションであり、アップルミュージックはいうまでもなくアップルが2015年に新たに導入した音楽配信サービスだ。この2つのサブスクリプションには、料金体系やサービスの中身以外に、いくつもの共通点がある。

どちらも、商品の販売にまつわる代理店や中間業者が介在していない、**直販による新規販路型のビジネス**である。レコードに始まる旧き良きコンテンツビジネスは、流通や販売会社によって構築されたセールスエコシステムと共依存だったが、スポティファイやアップルミュージックはそれとは販売の仕組みの考え方がまったく異なっている。

動画配信サービスのネットフリックスも同様だ。オンラインでのDVDレンタルサービスからスタートし、やがてビデオオンデマンド方式によるストリーミング配信サービスにシフトしたネットフリックスは、オリジナルのコンテンツにも力を入れ、いまでは作品がアカデミー賞にノミネートされるほどの実力を持つに至った。

このネットフリックスも、スポティファイやアップルミュージックと同じように直販による新規販路型だ。このように、特にインターネットサービスの領域で、テクノロジーを活用し、既存市場にドラスティックな変化をもたらそうとする新興のベンチャー企業は、あえて既存の商習慣や産業構造に対して破壊的な挑戦を好むように見受けられる。もちろん、こういった企業が大きな変革を成し遂げ、人々の生活を豊かにしてきたことはいうまでもないだろう。同時に、このようなイノベーションは「破壊的イノベーション」として広く喧伝されている。

破壊的イノベーションの主戦力になる

破壊的イノベーションの指向として特筆すべきことの1つに、先の例での「いままでのお店から買ったり借りたりせずに、スポティファイなりネットフリックスなりを使わせる」ようにこれまでの産業構造の中で購買行動をなす既存顧客の結びつきを外し、新たな仕組みに結びつけ直そうとする傾向が挙げられる。このアグレッシブな試みと**「顧客との継続的な関係を担保させる」**ことができるサブスクリプションは、そもそも非常に相性が良いのである。サブスクリプションは、破壊的イノベーションにおける主戦力として活用できるのだ。

破壊的イノベーションは、既存の商習慣や産業構造に対立的だ。それゆえにしがらみや制約をあえて捨て去り、シンプルなマス型のビジネスモデルを採択する傾向が強い。その場合、サブスクリプションの仕組みに複雑な前提条件、例えば商流や販売構造を織り込む必要はなく、理想のままに設計できる。

つまり、破壊的イノベーション指向の強いビジネスでは、**サブスクリプションのスタイルは単純化されていく**。ここで何より重要なことは、サブスクリプションの「スタイル」を、ビジネス自体が持つ「スタイル」に呼応させているため、この組み合わせは強烈に噛み合いが強くなり、爆発的な破壊力を持つ。その好例が、いま挙げているネットフリックス、スポティファイ、アップルミュージックだ。

本書では、**破壊的イノベーションは多くの日本企業が目指すべき道ではなく、これまでの特徴や強みを活かした建設的イノベーションを目指すべきなのではないか**、という1つの仮説の上に立ちながら、破壊的イノベーションと相性の良いシンプルなマス型のサブスクリプションのスタイルではなく、建設的イノベーションにふさわしいサブスクリプションのスタイルを考察していく。

だがその前に、「噛み合った」ときにサブスクリプションが示すそもそもの強さや可能性を知るために、まずはもう少しスポティファイの例を読み解いてみよう。

圧倒的なマス指向

いま挙げたスポティファイ、アップルミュージック、ネットフリックスとともに、既存の商習慣や業界構造、特に流通と店舗によって構築されたセールスエコシステムは戦略上重要ではない、むしろ何の意味も持たないといっていいだろう。インターネットだけで完結するサブスクリプション商品を新しく作ったのだから、そのインターネットを介して事業者が自分で直接ユーザーに販売すればよい。販売モデルとしてはシンプルそのもので、実にわかりやすい。

このような直販による新規販路型のサブスクリプションは、そもそもの出自が既存の商習慣や業界構造の変革を目指しているので当たり前ではあるが、最初から既存のセールスエコシステムをきれいさっぱりと無視している。問屋や代理店、販売店への影響を考慮することも、業界関係者やこれまでの取引相手の顔色をうかがう必要もない。

既存のセールスエコシステムから受ける制約がなく新規販路に特化できる。同様に業界の縛りや制約、慣習からも距離を取って、コアの戦略に集中する。利用者の利便性を図り、満足度を高めることに資金とマンパワーを注力するだけだ。

その戦略の昇華として販売をインターネットだけに絞り込んでいることは、誰にとっても納得感のあるところだろう。例の3社とも共通して、顧客との継続的な関係を構築するためのタッチポイントはインターネットにのみ存在している。店を設け、店頭でも加入を受け付けるという別枠は設けていない。

事業者とユーザーとの接点はインターネットだけ。加入したユーザーにも、音楽や映画、ドラマはインターネットを通して、誰も介さず直接手元に届けている。実に徹底した直販指向である。

インターネット直販の身軽なビジネススタイルは、**ブームの大爆発さえ起きればその爆風で急速に拡散できる**。その特性を知り尽くし、量を売ろうとしている点も共通点といえるだろう。79カ国・地域でサービスを展開しているスポティファイの月間アクティブユーザー数はすでに2億3000万人を突破した（2019年6月現在）。そのうち、有料の会員数は1億人超。2019年第2四半期は前年比31%増で16億6700万ユーロを売り上げた。スポティファイを猛追しているアップルミュージックの有料会員数もすでに6000万人以上（無料トライアル中を含む、2019年6月現在）を記録している。

ネットフリックスはさらにその上を行く。会員数（すべて有料）は1億5000万人を上回った（2019年6月現在）。2018年の売上高は前年比35%増の158億ドルに達している。

このように、3社とも**最初から世界市場を見据えてサービスをスタート**し、急速に事業規模を広げている。単一サービスながら特定の国や地域向けのビジネスではなく、グローバル市場を視野に入れて資金を調達し、サービス範囲を貪欲に広げていく典型的なマスのビジネスだ。

だからこそ、利用料金も月額1000円前後という値頃感のある価格に設定した。一気にマーケットシェアを取るための戦略的な価格設定であり、販売プランも課金モデルも圧倒的なマス指向だ。

なお、これらのビジネスは月額固定の聴き放題、見放題を中心にしており、コンテンツのばら売りを都度購買させることを想定していない。つまり、市場で寡占状態にあるがゆえに、先に記したサブスクリプションの価格設定のジレンマの解消の例である「**商品をそれしか買えないようにし、そもそも経済合理性を比較できないようにする**」ことに成功しているのだ（独占でなく寡占状態でしかないので、競合同士の横の価格設定はバランスをとらざるを得ないが）。しかも、楽曲や映像を個別に入手させるのではなく、「コンテンツを視聴すること」という、これまでのモノ売りとは異質のコト売りのビジネスに転換している。こういった点で、単なる「値札替え」のサブスクリプションと大きく異なっている。サブスクリプションのスタイルが単純か複雑か、ということと、ビジネスの革新性（第2章）は必ずしも連動しないことに留意する必要がある。

シンプルでマス指向なサブスクリプションの特徴

さらに3社に共通する大きな特徴を挙げるなら、どのサービスも、楽曲データ、動画データといった、いずれも無形物、つまり**形のない（インタンジブルな）商材を扱い**、顧客に届けていることである。無形物であるため、在庫リスクが発生しない。在庫を保管するスペースも必要なければ、過剰な仕入れに苦しむこともない。品切れによる機会損失ともまったく無縁だ。

視聴できる内容のバリエーションこそ豊富だが、スポティファイやアップルミュージックも商材の中身は音楽データと月額固定の利用料だけ。ネットフリックスなら動画データと月額固定の利用料だけ。何か異質の商材を別途、仕入れて合わせて販売する「混在販売」ではない。販売形態は極めてシンプルかつ明瞭だ。

ここで、欧米型の新興企業が指向する、シンプルでマス指向のビジネスのスタイルに噛み合った、サブスクリプションのスタイルの特徴を振り返ってみよう。

- 形のない商材が多い
- 商品がシンプルで、混在販売や複雑な管理の必要がない
- 直販、新規販路型
- セールスエコシステムやサプライチェーンがシンプルか、往々にして「ない」
- インターネットに特化した、できるだけ身軽な販売スタイル
- デジタル化したタッチポイントに特化している
- 月額固定を中心にしたマス指向の課金モデルで、料金計算も単純
- 結果的に、破壊的イノベーションと相性が良い

このように、既存産業を破壊し新産業を再構築しようとする破壊的イノベーションでは、**これまでの産業構造に属した既存顧客の結びつきを外し、新たな仕組みに結びつけ直そうとする戦略が核になる**ため、「顧客との継続的な関係を担保する」サブスクリプションを活用することは理に適っている。その上で、ビジネスのスタイルとサブスクリプションのスタイルがうまく噛み合う必要があるため、サブスクリプションのスタイルもシンプルでマス型のものに寄りがちだ。

当然、こういった指向のビジネスは「ホームランか三振か」になりやすい。しかし、当たったときには特大ホームランだ。スポティファイは音楽産業に大きな打撃を与え、音楽販売の産業構造を引っくり返した。ネットフリックスは、その過程で、店舗型コンテンツビジネスでかつては一世を風靡した米国のハリウッドビデオ、ブロックバスターを相次いで破綻に追い込み、さらには映画産業全体を揺り動かしている。

映画監督のスティーブン・スピルバーグが、アカデミー賞からネットフリックス作品を締め出すための新たなルール制定を呼びかけているのも、ストリーミング配信されたネットフリックス作品が、劇場公開の映画に多大な影響を与えていることを危惧しているからにほかならない。

サブスクリプションの代表格のように喧伝される、新興企業が指向する、シンプルでマス指向のサブスクリプションのスタイルは、同じくシンプルでマス指向のビジネススタイルと相性が良く、あえて既存の商習慣や産業構造に対して挑戦するドラマ性とその成功例のまばゆさゆえに、世界中の人々を引きつけ、多くのフォロワーを生み出している。

だが、このイノベーションは明らかに破壊的傾向が強い。従来型のビジネスを壊し、産業構造を破壊し、雇用環境すら塗り替える強烈なインパクトがある。だからこそドラマチックなのだ。

インターネットの黎明期からはじめ、こういった破壊的イノベーションは、実際に社会の有り様を大きく変えながら、数多《あまた》のメディアに取り上げられてきた。いま、マスメディアでサブスクリプションが騒がれているのは、先に記した「わかりやすく身近な例」に加えて、破壊的イノベーションと噛み合った「まばゆく壮大な例」があり、どちらもシンプルでマス指向のスタイルであるがゆえに、捉えやすく理解されやすいからではないだろうか。

破壊的でない建設的イノベーションもある

ここで考えてみたい。

歴史があり、積み上げてきたビジネスの土台があり、いまだ世界でも存在感を維持している、モノづくり企業に代表されるような日本の企業が目指すべきは、はたして破壊的イノベーションだろうか。破壊的イノベーションを目指す新興のベンチャー企業が奮闘している一方で、日本の国力を維持し、GDPを押し上げているのは、歴史と土台のある企業群の力に依るところが大きい。これらの企業が、破壊的イノベーションを指向したがることは時代の趨勢として否定しきれないものの、**自ら強みを捨て、野に下るリスクそのものであること**も、また疑いのないところではないだろうか。

では、「いいとこ取り」のイノベーション、破壊的イノベーションに相対する、いわば建設的イノベーションはあり得ないのか。もし、建設的イノベーションが成立するのであれば、破壊的イノベーションと相性の良いサブスクリプションのスタイルがあるように、**建設的イノベーションにふさわしいサブスクリプションのスタイルもあるはずだ**。これが、本書を通じて考察していきたい大きな1つのテーマである。

サブスクリプションがカバーしうる範囲は非常に広く、サブスクリプション自体も進化し、取り巻く状況や周辺環境をいま大きく変化させている。このため、無理に1つのスタイル、例えばシンプルなマス型のサブスクリプションのスタイルに、無理に誰もが合わせる必要はなく、それぞれの企業、それぞれのビジネスの持つ本来の強みを活かせるよう、サブスクリプションの使い方、サブスクリプション商品の作り方も多様化できるようになっている。

新興企業がインターネット領域で牽引する破壊的イノベーションへの盲目的な追従は、この日本独自の強さが破壊されるリスクを否定できない。強みを活かす方向でのサブスクリプションを指向すべきであろう。

それでは日本企業が目指すべき建設的、発展的な革新とは何なのか、それに合ったサブスクリプションのスタイルは、その革新にどのように寄与するのか。これを探っていくことにしよう。まず第2章ではサブスクリプションのこれまでの変遷をたどるとともに、いまサブスクリプションを取り巻く環境がどのように変化しているのかを読み解いていく。

第2章

サブスクリプションはビジネス革命そのものだ

SMART Subscription

始まりは生命保険だった

いま脚光をあびている**サブスクリプションは突然変異のビジネスではない**。サブスクリプションビジネスは古くから存在し、技術的、心理的、環境的な「必然」によって、新世代のスタイルを生み出しながら、そのときどきでビジネスに変革をもたらしてきた。古典的なビジネスモデルである第1世代サブスクリプションが誕生したのはいまから数世紀も前だが、インターネットの登場とともにスタイルを変えて第2世代が生まれ、2010年代に入ると著しい技術革新を背景に第3世代へと進化を遂げてきている。

現在耳目を集めているサブスクリプション、また、日本企業が理解し取り入れるべきサブスクリプション、それらはみな、古くからあるビジネスの発展系なのである。その進化の背景を知ることは、サブスクリプションの本質を知ることそのものであり、新世代サブスクリプションの登場や成長を後押ししてきた要因を把握することは、これからサブスクリプションを導入する際にも、欠かせない基礎知識となるだろう。

では、サブスクリプションはいかにして進化の道のりを歩んできたのだろうか。サブス

進化するサブスクリプション

「第3世代」はテクノロジーの進化などを背景に発展。ただし、古い世代のサブスクリプションが時代遅れだというわけではない。

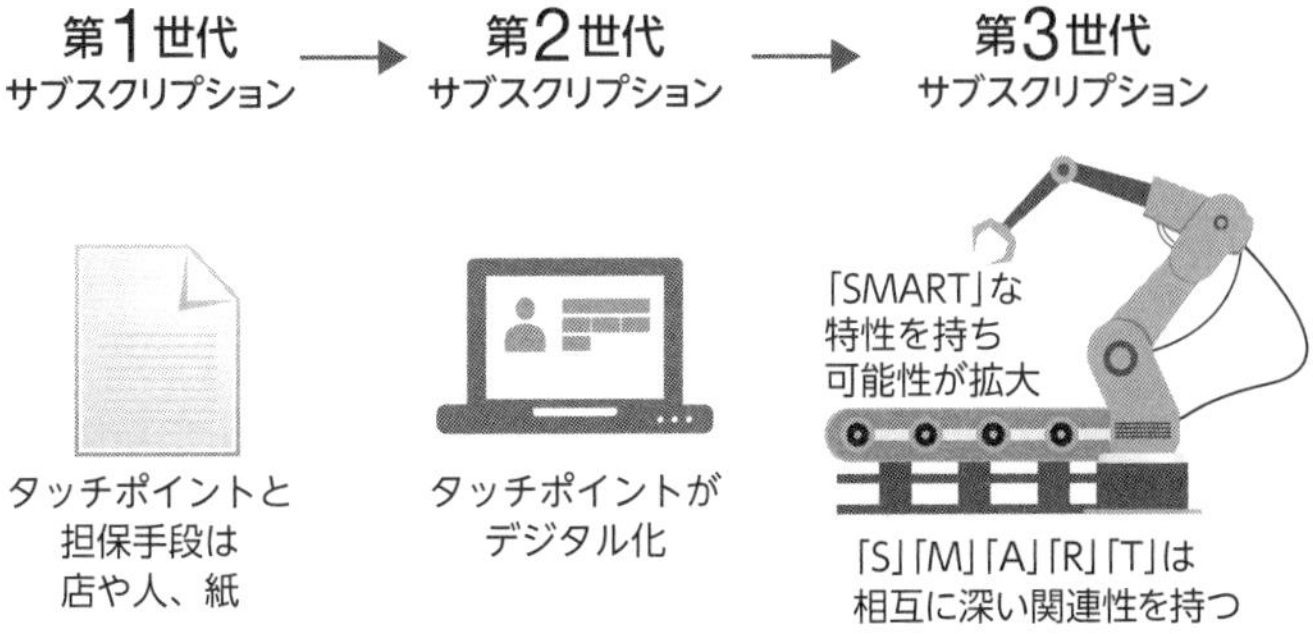

クリプションの進化を生み出した「必然」とはどのようなものなのか。その歴史を振り返ってみたい。

改めて、サブスクリプションとは「顧客との継続的な関係が担保されている」状態を指す。この観点から見れば、古くは生命保険や、月謝の支払い、ツケ・掛け払い、比較的新しいものでも、保守サービス、オートリースなど、**さまざまなビジネスが実はサブスクリプションだった**ということに気づくだろう。

このうち特に生命保険の歴史は長い。中世ヨーロッパの都市で組織された同業者組合であるギルドで始まったとされる生命保険が、本格的なビジネスに発展したのは18世紀。ハレー彗星の軌道計算を行って周期性を発見したことで知られる天文学者のエドモンド・ハレーによって、実際の死亡率にもとづいた「生命表」が作られた。これを根拠に、合理的に存続可能な保険料を算出した「生命保険」という初めてのビジネスモデルが作られた。

もっとも、継続関係を担保するための**「顧客とのタッチポイント」**は対面、あるいは店舗に置かれ、生命保険は他の物品の売り買いと同じように取り扱われた。タッチポイントにはなんら革新性はないが、他の物品とタッチポイントが変わらなかったからこそ、顧客はこの生命保険という新しいビジネスモデルに違和感を抱くことなく、素直に受け入れられたという見方もできる。

第2世代のサブスクリプション登場

18世紀の人々が知らず知らずのうちにサブスクリプションを受け入れてきたように、私たち現代人もいつの間にか大きな変化を受け入れている。

2000年代に入り、サブスクリプションが劇的に変貌したことにお気づきだろうか。

月額制のウイルス対策ソフトやゲームソフトなどに代表される第2世代のサブスクリプ

サブスクリプションの定義

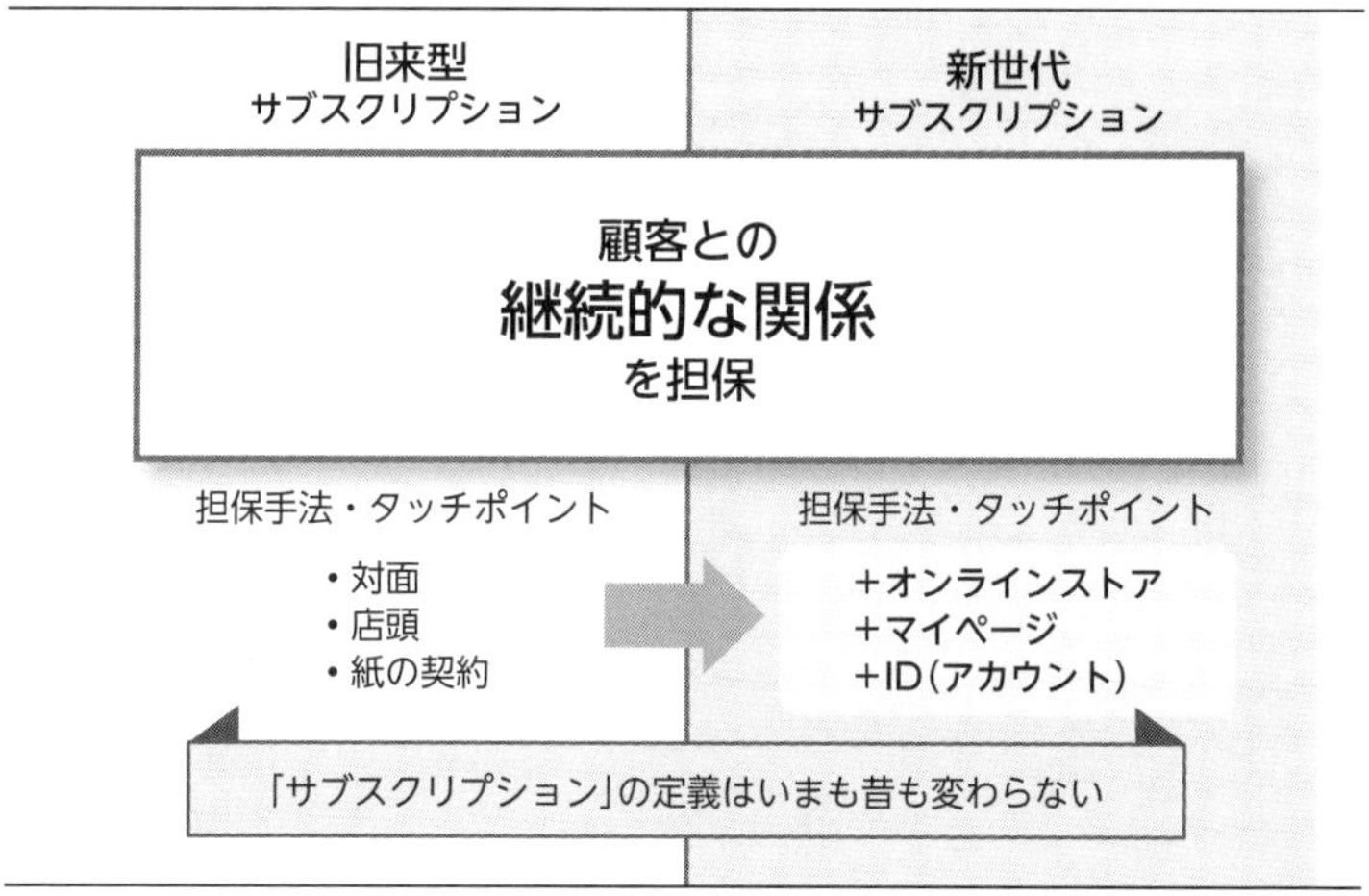

ションが登場し、私たちの生活に浸透していった。

第2世代のサブスクリプションは、旧来の第1世代と何がどう違うのだろう。代表例ともいえるソフトウェアのサブスクリプションの多くは、この時代を境に生まれた。従来のようにパソコンショップでパッケージソフトを販売するという形を採らず、インターネット経由でダウンロードされるか、インターネットブラウザの上でそのまま利用できる形式を採ったソフトウェアがあらわれてきたのである。例えば、パソコンのウイルス対策ソフトに、この頃からパッケージの買い切り型に加えて、月額型が登場したことを覚えている方もいるだろう。これらはその特性上、契約や更新、バージョンアップ、オプションの購入などの手続きも**すべてインターネットで完結できる**ようになった。

最大の特徴は、顧客との継続的な関係を担保するためのタッチポイントが従来とは異なることである。昔ながらの店舗や対面営業での購買、紙の書類による保守契約ではなく、インターネット上のオンラインストアやサポートページ、マイページなどが活用され、従来型のタッチポイントに取って代わった。インターネットの台頭を背景にタッチポイントのあり方が変わり、サブスクリプションは第2世代のビジネスモデルを確立するに至ったのである。

わざわざ店舗へと足を運び、カウンター越しに契約をしなければならなかったソフトウェアや保守サービスが、ブラウザを開けばインターネット経由で簡単に手に入る。申し込みやプラン変更のハードルも非常に低い。第2世代のサブスクリプションは事業者と利用者の距離を一気に短縮した。

当時、一部のソフトウェア業界を除いては、サブスクリプションというキーワードが市場に浸透することはなかった。しかし、その一方で比較的スムーズに、これらのインターネット型タッチポイントを備えた第2世代のサブスクリプションは消費者に受容されていった。おそらく、箱で買っていたウイルス対策ソフトが、知らず知らずのうちにインターネット上の手続きだけで月払いか年払いで利用できるようになっていた、という方も多いだろう。

それはちょうどこの時期が、そもそもインターネットやeコマース（電子商取引）の普及期にあたり、サブスクリプションという新語が浸透するよりも早く、消費者がeコマースというより大きな新概念を受容し、リテラシーを形成する過程に吸収されたためと考えられる。

技術革新がサブスクリプションを変える——第3世代サブスクリプションの胎動

ここで、第2世代のサブスクリプションへの進化を促した要因が何だったのか、改めて考えてみよう。

1　パソコンとインターネットの普及という**「技術革新」**

2　事業者と顧客側が互いに新技術（パソコンやインターネット）の利便性を理解し活用しようとする**「リテラシーの醸成」**

3　好きなときにやめられる、パッケージを買うよりおトクである、店に行かなくても買える、といった購買行動を後押しする**「購買環境の向上」**

この「『技術革新』『リテラシーの醸成』『購買環境の向上』」の3つの要因が、サブスクリプションを次世代に進化させた」という俯瞰は、第2世代のサブスクリプションが生まれたことの分析であるとともに、第3世代のサブスクリプションが生まれようとする現況もつぶさに浮かび上がらせる。

1の「技術革新」の代表格が、モノのインターネット化と呼ばれるＩｏＴ（Internet of Things）だ。さまざまなモノにＩＴ（情報技術）が組み込まれるようになり、インターネットを介して情報を送受信する仕組みはもう珍しいものではなくなった。スマート家電、スマートハウス、スマートシティ、医療機器、農業、工場のスマート化……。これまでは考えられなかったモノがセンシング技術と通信手段を備え、インターネットを介して「つながる」ようになっている。

ＩｏＴだけではない。クラウドコンピューティング、スマートデバイス、ビッグデータ、ＡＩといった２０１０年代以降の技術革新、とりわけ、ＩｏＴの進展は、サブスクリプションと恐ろしいほど相性が良い。それはなぜか。サブスクリプションとは「顧客との継続的な関係が担保されている」ことである。つまり、**事業者が顧客と「つながっている」ことこそ、サブスクリプションの本質**なのだ。ＩｏＴに代表される技術は、２０１０年代以前の世界よりも、いつでも、より緻密に、途切れることなく、さまざまなものとデータリンクし、**顧客との「つながり」を強化する。**

急速に発展したこれらの技術を活用すれば、顧客がモノやサービスをどのように利用し、いまどんな稼働状況にあるのか、好評な点や不評な点は何かを探りやすくなる。常に「つながる」ことで、利用者それぞれの状況やニーズ、嗜好に応じてパーソナライズしたメニューを提供でき、機能の追加やアップデートもスムーズに実現できる。次の購買行動を連続的に引き起こすためのアップセルやクロスセルの施策も打ち出しやすい。こうした技術革新は、これまでのサブスクリプションから次のサブスクリプション、第３章で述べる新世代の「ＳＭＡＲＴサブスクリプション」を生み出すための土台の１つとなっている。

モノからコトへ——消費者の意識が変わった

もう１つ、技術革新と両輪になって、欠かさざる土台が、２のリテラシー、特に消費者側のリテラシーの醸成だ。ただしこれは機が熟さなければ進化を生むことができない。

リテラシーについては、この数年で見逃せない大きな変化が訪れている。いま消費者の価値観は明らかに**「所有」から「シェア」へ、「モノ」から「コト」へ**と移行し始めている。カーシェアリングやシェアサイクル、シェアハウス、シェアオフィス。モノ、空間、サービスなど、インターネットを介して個人と個人、または個人と企業で共有するシェアリングビジネスはすさまじい勢いで世界を席巻し、シェアリングエコノミーと呼ばれる新たな経済活動が飛躍的に拡大している。

一般の住宅を宿泊施設として観光客等に貸し出す民泊ビジネスの仲介サイト、エアビーアンドビー（Airbnb）が誕生したのは２００８年だが、それから10年ちょっとで登録されている施設は全世界１９１カ国に広がり、登録件数は６００万件を超えた。これは、世界最大のオンラインホテル予約サイトであるブッキングドットコム（Booking.com）に掲載された別荘やアパートメントなど「民泊」分野の５７０万室を上回る数字だ。

エアビーアンドビーの利用者はすでに5億人を超え、未上場ながら２０１７年の時点で推定時価総額は３１０億ドルに達しているといわれる。米国の大手上場ホテルチェーンのヒルトンの時価総額は約２６４億ドル（２０１９年8月15日現在）であることを考えれば、いかにエアビーアンドビーが急成長しているかが実感できる数字ではないか。

急拡大しているのはエアビーアンドビーばかりではない。資金調達の手段として一般化してきた**クラウドファンディングもシェアビジネスの一環**だ。また、個人のスキルや労働力を有効に活用する、クラウドワークスやランサーズのようなクラウドソーシングサービスも急速に普及してきた。

さらに、インターネットオークションの発展系として、２０１８年11月にサービス開始から5年で累計流通額が1兆円を突破した、フリーマーケットアプリの「メルカリ」も、考えようによってはモノのシェアをさらに後押しするサービスだといえよう。

総務省がシェアリングサービスを知っている人にその利用状況を尋ねた「ＩＣＴによるインクルージョンの実現に関する調査研究」（２０１８年）によれば、欧米と比較してまだまだ全体的に利用経験のある人が少ないことが明らかになったが、その要因としてサービス事業者による保証や介入の仕組みを望む声が大きいことも判明している。こうした点が改善されれば、利用者は格段に増加する可能性があるといえるだろう。

これまでは考えられなかった動向、例えば車ですら「シェアで良し」とする文化が勃興《ぼっこう》したのだ。今後も利用者の**ニーズに合わせたシェアリングサービスがどんどん出てくる**ことで、「所有せずシェアすること」、「モノではなくコトを購買すること」を許容するリテラシーはますます啓発されることだろう。

こういったリテラシーの醸成は、それが一般消費者からの流れであっても、必ずや環境の進化を後押しし、その変化は多くの産業に波及していく。このことからも、第3世代サブスクリプションが生まれ、普及していく土壌はすでに形作られていると考えられないだろうか。

決済手段の多様化

3の「購買環境の向上」の最たるものは、決済手段の多様化だろう。

日本のキャッシュレス決済比率は、2016年の段階で約20%に過ぎず、他国と比べると低いといわざるを得ないが、それでも年々、着実にキャッシュレス化は進行している。銀行やクレジットカード会社に加えて、ECやSNSの領域には決済を本業としない事業者が多く参入し、スマートフォンアプリとインターネットを活用した支払いサービスが続々と登場している。最近では、モバイルやSNSなどに、個人間送金機能を付加する新しいタイプの決済サービスの種類も多くなった。

どのような決済方法が生み出されているのか、その具体例を挙げてみよう。

ＥＣの決済方法としてはクレジットカードがもっとも多く利用されているが、近年はインターネットバンキング、電子マネー、ウォレット決済、キャリア決済、プリペイド決済、ＱＲコード決済などさまざまな決済方法が登場し、利用者の選択肢を広げている。

決済手段の多様化により、特に一般消費者向けのビジネスにおいては、**サブスクリプションの課金も以前とは比べものにならないほど容易**になっている。例えばラーメンのサブスクリプション「1日一杯野郎ラーメン生活」は、店員とのやりとりから決済まで「野郎ラーメンアプリ」ですべてを完結できる。

会員によってパーソナライズした料金体系を提供しているサブスクリプションも増えているが、その手続きも以前ほど煩雑ではない。便利で機能的な決済手段が出現したことで、事業者はサブスクリプションの課金を実行しやすくなっているのである。

多くの人がサブスクリプションに触れ、利用できる環境が整ってきたことは、先のリテラシーの醸成と両輪となって、サブスクリプションの進化を後押ししていくはずだ。

規制緩和とサブスクリプション

リテラシーの醸成や購買環境の向上に間接的に影響を及ぼしていると考えられる、規制緩和についても触れておきたい。

これは日本独特の潮流ともいえるが、**次々に規制緩和や法令改正が行われ、電気・ガス・通信の市場が開放されたことはサブスクリプションビジネスに大きなプラス効果**を与えている。規制緩和によって電気・ガス・通信といったサブスクリプション商材が市場に開放されたことで、事業者にとっては、取り扱うことのできる商材が増え、合わせて「わかりやすい商材」が目に留まることで、事業者、消費者ともにサブスクリプション商材への理解、関心が高まったことが挙げられるだろう。

まず、通信を例に挙げよう。

国内の通信事業が自由化されたのは１９８５年。それから目まぐるしい勢いで、通信分野は変革を続けている。ブロードバンドネットワークの普及、携帯電話やスマートフォンの開発と普及が進み、２０１４年の「ＳＩＭロック解除に関するガイドライン」の改正により、翌年5月からSIMロックの解除が義務化され、MVNO（仮想移動体通信事業者）の参入が促進されることとなった。

自由化の影響は顕著となり、MVNO事業の市場規模はすぐに拡大傾向に転じた。総務省の調べによれば、2018年12月末のMVNOサービスの契約数は2000万契約を突破。そのうち、SIMカード型が全体の約60％を占めている。

IoTの進展により、家電製品や自動車の車載端末などに通信サービスを取り付けた新たな組み合わせモデルも続々とリリースされている。今後さらに参入が増え、市場の拡大を促すことは必至だろう。

また、2015年2月にはNTT東日本／西日本が光回線サービスを他社にも提供する「卸売り」を開始した。これまで光回線の提供を行うことができなかったFVNO（仮想固定通信事業者）と呼ばれる事業者が、NTTから光回線サービスを仕入れ、自社のサービスとセットで提供できるようになった。これが「光コラボレーション」（略称：光コラボ）だ。

いまでは多くの事業者が格安SIMと光回線、スマートフォンと光回線のセット割を販売している。いずれも定額課金と従量課金による、典型的なサブスクリプション商品である。これらの市場には異業種からの参入が相次ぎ、結果として、規制緩和は事業者・消費者双方のサブスクリプションへの理解・関心を高めたといえる。

さらに、電気やガスなど公共インフラの自由化も同様だ。

電力が自由化されたのは2016年、ガスが自由化されたのは2017年。約8兆円とも推定される電力市場、約5兆円規模のガス市場を狙って、通信やガス会社がさまざまなセット売りを開始しているのは周知のとおりである。携帯電話やインターネットプロバイダ、ガス、ケーブルテレビ、LPガス、プロパンガス、宅配水、家電品、ポイントカードとの連携など、このマーケットにはすでに多彩なプレイヤーが名乗りを上げ、多種多様なセット割商品を提供している。

内閣府が2018年に実施した「電力・ガス小売自由化に関する消費者の意識」調査によれば、「電力会社や料金プランを切り替えた人」は前年よりも5ポイント増えて18%。「切り替える予定がある人」を含めると23%に達していた。当初は遅々として進まずといわれながらも、着実に数字を伸ばしていることがよくわかる。

他方、これら規制緩和によって電気・ガス・通信といったサブスクリプション商材が市場に開放されたことは、一定の効果を上げながらも、緩和時期の2015－16年頃には国内に爆発的な「サブスクリプションブーム」を巻き起こすまでには至らなかったことは合わせて考察する必要があるだろう。1つには、既存事業者が強く、規模に劣る新規参入事業者が市場を崩しにくかったこと、もう1つには、複雑なルール・料金計算・請求を行う仕組み作りが参入事業者に必要であり投資対効果が合いにくいことが考えられる。つまり、多様な事業者の参入による市場爆発が起きたわけではなく、これらのハードルを越えて既存事業者と伍しうる規模の新規参入事業者によって、徐々に市場が活性化していっている、というのが実情と思われる。

サーキュラーエコノミーの波も進化を後押し

より広い視野で見ると、**循環型社会を目指すサーキュラーエコノミー（循環型経済）の波も、サブスクリプションを後押しする世界的な大きなうねりになっている。**

サーキュラーエコノミーとは、これまでムダなモノとして廃棄されていたものや活用されていなかったモノを「資源」と捉え、リサイクルシステムをビジネスに取り入れ、環境や経済に持続可能性を持たせることを指す。ピーター・レイシーとヤコブ・ルトクウィストが2015年に著した『サーキュラー・エコノミー　デジタル時代の成長戦略（原題：Waste to Wealth――The Circular Economy Advantage）』（日本経済新聞出版社）の中で発表した新しい経済活動の概念だ。

具体的にいえば、製品、部品、資源、サービスを最大限に活用し、それらの価値を目減りさせることなく、永続的に再生・再利用し続けるモデルのこと。代表例としては、サーキュラー型のサプライチェーン、回収とリサイクル、製品寿命の延長、シェアリングプラットフォームなどが挙げられる。

先に例として挙げた、眠っている不動産を活用したエアビーアンドビー、あるいはカーシェアリングに代表されるシェアリングビジネスも、サーキュラーエコノミーに属していると考えられており、かなり広義の概念といえるだろう。

ＥＵは早くからサーキュラーエコノミーに熱心に取り組み、２０１５年に欧州委員会はサーキュラーエコノミーの実現に向けたＥＵ共通の枠組み構築を目的とする新提案「サーキュラー・エコノミー・パッケージ」を採択。この新たな経済活動モデルを２０３０年に向けた成長戦略の核に据えていくことを明らかにした。この採択を受けて、ヨーロッパではサーキュラーエコノミーの施策を進める企業が急増している。

サーキュラーエコノミーは、再利用、継続利用というサーキュラー（円環状）＝サイクリック（循環的）な資源利用を前提としている。つまり、継続的な関係を担保させようとするサブスクリプションとは、非常に相性がいい……どころか、異母兄弟のようなものといえる。つまり、サーキュラーエコノミーにビジネスを適応しようとすると、必然的にサブスクリプション型のビジネスが指向されることになる。

サーキュラーエコノミーを実践する際に、サブスクリプション型ビジネスのメリットを最大限に引き出し、収益を向上させている事例としてもっとも適切なのはヨーロッパのフィリップスだろう。日本では電気カミソリや電動歯ブラシなどが知られているが、フィリップスはグローバル市場においては音響機器や医療機器、照明器具なども手がけている総合電機メーカーである。そのフィリップスが電球という「モノ」を都度購買させるビジネスから、**「明かりが点いた環境を提供する」という「コト」をサブスクリプションで販売する**ビジネスに転じて成功を収めている。

具体的にはこうだ。オランダの首都アムステルダムのスキポール空港のターミナルビルではフィリップスの電球を使用しているが、従来、管理は空港管理会社が行い、フィリップスは電球が必要になるたびに注文を受け、電球を提供する「モノの販売」に従事していた。

しかし、サーキュラーエコノミーの流れを受けて、〝明るさ〟という価値をサービスとして提供する「コト売り」にビジネスモデルを転換し、エネルギーサービスカンパニー（省エネルギー支援会社）のコフェリーと共同で「Light as a Service」というサービスをスタート。フィリップスはスキポール空港用に従来の器具よりも75％長持ちするＬＥＤ照明器具を開発・設置し、器具のメンテナンスを行い、スキポール空港は使用した照明分の代金を支払い、フィリップスとコフェリーは使用終了時の電球の再利用とリサイクルに関して共同で責任を負っている。これにより、同社は収益を安定させることに成功し、利益率もアップした。世の中ではＬＥＤ電球のコモディティ化が進み、都度売買の市場では売価や収益性が低下しているにもかかわらず、だ。

この「Light as a Service」は空港管理会社にも多大なメリットをもたらしている。電力消費量は50％減少し、照明に関する業務をメーカーに一任できたことで、経費も大幅に削減できたからだ。しかも、フィリップス自身が電球の設置、回収を行うので、これまで納品に伴って必要とされた商品パッケージなどのゴミも大量に減ることとなった。同社の試みが、地球環境に優しいサーキュラーエコノミーの先例として話題を集めたゆえんである。

環境負荷の削減は、現代の企業ならどこも避けては通れない問題だが、サブスクリプションを導入することでフィリップスはこの問題解決に成功した。収益の安定化と環境負荷の削減の２つを同時に成し遂げたのである。

親和性が高いサーキュラーエコノミーとサブスクリプション

フィリップスは、電球事業以外にもサーキュラーエコノミーの思想に則《のっと》ったビジネスを加速させている。

その1つが、病院に医療機器を販売する事業だ。「新しいモデルを開発しては買ってもらう」という販売スタイルにより、買い替え時に機器の大量廃棄が発生してしまうという長年の問題を解決すべく、フィリップスはサブスクリプションによる医療機器サービスの提供をスタートした。医療機器のリペアやメンテナンス、交換などのサービスを提供することで、1つの製品を長く使ってもらえるビジネスモデルに切り替えたのだ。

結果はどうか。サブスクリプション導入後、使用後にほぼ100%処分されていた医療機器の90%は再びフィリップスのもとに戻るとされる。手元に舞い戻ってきた医療機器は単なるゴミではない。メンテナンスを施せば、再び別の病院に供給することもできる再生可能な商材だ。

回収された医療機器を使って、新製品の開発のために再活用することも不可能ではない。新しい資源に頼らないビジネス、つまりは、資源の浪費を防ぐビジネスがここに生まれたのである。

現在、フィリップスの全売上におけるサーキュラーエコノミー事業の比率は約10％。毎年、着実に増えている。いずれは企業を支える柱の事業に成長していくのではないだろうか。

この例に見るように、**「売って終わり」という一方通行のビジネスはもはや終焉に近づいている**。環境負荷の低減、循環型社会の実現は、規模の大小を問わず、現代の企業の至上命題だ。これからの企業には、商品を販売した後も継続的にビジネスが回っていく循環型のビジネスが求められている。

その点、サブスクリプションは、フィリップスの事例に見るように、サーキュラーエコノミーと極めて親和性が高く、しかも収益性の向上まで期待しうる。サーキュラーエコノミーを入り口としながらも、顧客との継続的な関係を作りそれを収益に繋げてゆける、サブスクリプションビジネスのメリットを享受する企業が増えていくであろうことは、想像に難くない。

サブスクリプションで会計処理の選択肢も広がる

アセット（資産）を取り巻く環境の変化についても目を向けてみよう。これも、サブスクリプションの進化に影響を与えている要因だからだ。

アセットの規模が大きくなればなるほど、リースをはじめとするファイナンススキームと組み合わされる必要が出てくる。

現在、この機械や設備を購入せずに借りて利用する「リース取引」に関する会計基準の見直しが進んでいる。これまで、リース取引（オペレーティングリース）は企業の財務状態を表す貸借対照表（B／S）に記載する必要はなかったが、国際会計基準にもとづき、リース取引に関しては原則、資産と負債をすべて明記しなければならなくなった。企業のリース離れが懸念されているゆえんだが、従来型のリース会計が許されないとなれば、各企業のB／Sにも影響がないとはいえない。オフバランス（B／Sの固定資産として計上しないこと）できなくなってしまうからだ。

この、**B／Sへの影響を軽減するための1つの解決策となるのがサブスクリプション**

だ。リース会社にとってもこの会計基準の変更はビジネスチャンスでもある。アセットを中心に据えつつ、他の商材やサービスを組み合わせて、新たなサブスクリプション商材に仕立て直すことができれば、これは立派な新ビジネスだ。そもそもリースのスキームとは異なるサービススキームになっており、使用期間の縛りのない契約でもあるため、企業にとってはオフバランスの選択肢が広がることになる。

シガーソケットにデバイスを差し込むだけで、リアルタイムに車両の動態管理を実現できる車両管理アプリ「Cariot」の例を紹介したい。

このサービスは、車両の位置情報や運行情報などのデータを取得することで、属人的な管理に頼ることが多かった車の情報を可視化し、そのデータをもとに車両の運行管理や安全性の向上、コスト削減や業務効率化につなげるサービスだが、導入するには車に載せるハードウェアや通信用のＳＩＭに加え、アプリも契約しなければならない。

しかし、これは顧客からすれば、まずモノ（デバイス）を買わなければならず、その上で別に契約と支払いが発生することになるため、手間がかかる。超小型・音声翻訳機の「POCKETALK」も同様に、ＳＩＭカードを差さなければ使用できないデバイスのため、消費者は「POCKETALK」と同時に発売されている2年縛りのＳＩＭを買うか、「POCKETALK」だけを代理店で買い、わざわざ代理店とは別の店に行ってＳＩＭを調達して使わなくてはならない（保証外になる）。

こうした**煩雑で手間がかかるプロセスは、利用のハードルを上げてしまう**。

そこで利用者の不満や不便を解消するために登場したのが、新たなサブスクリプションサービスだ。リース会社が間に入り、ハードウェアをいったん買い上げ、その上でＳＩＭ、アプリの値段も織り込み、月額固定のサブスクリプション商品として利用できるよう仕立て直した。アセットをまず買い上げて賃貸する、というリース会社のこれまでのスタイルと特性を活かしながらも、これまでのリースの枠組みを超え、サブスクリプションビジネスへと踏み込んだ好例であろう。

料金の「高い安い」を超えたメリットがある

こうしたサブスクリプション商品を販売しているのが、ＩｏＴソリューションを、サブスクリプションで提供するサブスクリプション・マーケットプレイス「IoT SELECTION connected with SORACOM」だ。リース会社（東京センチュリー）が通信ＳＩＭを提供する会社（ソラコム）と提携し、モノ（デバイス）と通信とアプリサービスをパッケージ化してサブスクリプションとして提供している。

ここでは先述の「Cariot」や屋外監視カメラ「@Rec-cam」などをはじめ、現在多くのサービスが提供されている。「POCKETALK」をこのサイトで契約した場合、月額料金は4000円（税抜き）。平均的な本体価格が2万4800円だとすると、この月額は高いと感じるかもしれないが、これならもうSIMを別途調達する必要はない。2年契約に縛られることもない。

必要なときだけ使いたい人にとってはこのサブスクリプションで十分だろう。海外に行くときだけ契約すればそれでいい。消費者がデバイス購入の費用負担や追加のシステム構築をすることなく手軽に利用できる仕組みが、**「高い安い」という価値観とは異なる新たな価値を生み出した**事例である。

革新性で分けた3つのサブスクリプション

テクノロジーの進化、それを利用する事業者、ユーザー双方のリテラシーの醸成と意識の変化、決済方法の多様化に代表される購買環境の向上、サーキュラーエコノミーの波や

サブスクリプション3区分

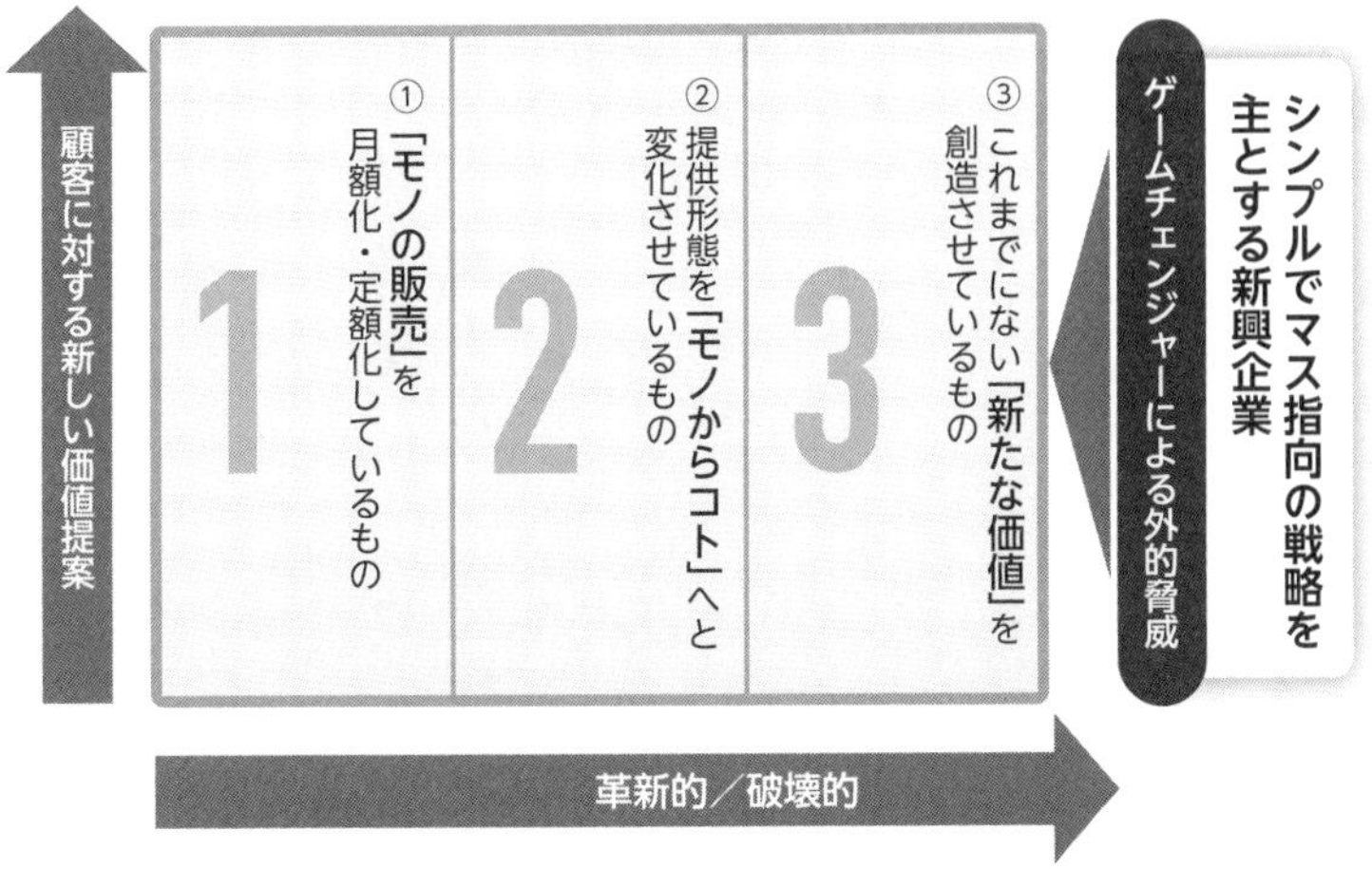

リース会計の見直しといった社会の趨勢……こうした動きが絡み合い、追い風となって、サブスクリプションの進化と拡大に手を貸し、可能性を押し広げてきている。

古くから存在していたサブスクリプションは、新しい概念を加えながら時代に応じて多様化を続けてきた。市場や顧客もまた、かつては第2世代のサブスクリプションを無意識のうちに受け入れ、いま第3世代のサブスクリプションが生まれている。**サブスクリプションがたどってきたその道のりはビジネス革命そのもの**といえるだろう。

ここでは、進化のただ中にあるサブスクリプションの現在地を、また別の角度から構造的に分析してみることにする。**「顧客に対する新しい価値提案」**と**「ビジネスの革新性」からみた、3つのグループに分類**していこう。本書では、これを**サブスクリプションにおける「革新性の第Xグループ」と呼ぶ**こととする。

まず**第1グループは、モノの販売を月額化・定額化しているサブスクリプション**だ。これは、第1章で例に挙げたような、比較的シンプルなマス型の「値札替え」のビジネスともいえる。次の**第2グループは、提供形態をモノからコトへとシフトさせ、「コト」が商材になっているサブスクリプション**。前章のスポティファイ・本章のフィリップスもこのグループに属する。**第3グループは、これまでにない「新たな価値」を創造させているサブスクリプション**を指す。

ただし、第1グループだから悪い、第3グループだから良いということではない。サブスクリプションのスタイルに優劣はなく、あくまでスタイルの違いであり、指向するビジネスのスタイルと噛み合うことこそが重要であることを再度強調しておきたい。

では、この3つのグループについて具体例を挙げて説明しよう。

まず、モノの販売を月額化・定額化している第1グループであるが、先に少し触れた、男性に大人気の野郎ラーメンが始めた「1日一杯野郎ラーメン生活」もこのグループのサブスクリプションに属するだろう。月額8600円で3種類の野郎ラーメンの中から1日

1杯、その日に食べたいラーメンを選んで食べられるこのサービスは、決済などの手続きはすべてアプリで完結させている。アプリで決済できるところに新味はあるが、基本は「モノの販売の月額化・定額化」だ。

第1章で述べたように、この第1グループのサブスクリプションはすでにたくさん誕生している。コーヒー、花、化粧品、洋服、ワイシャツ&クリーニング、家電製品、コンタクトレンズ、ワークスペース、酒、絵本、英会話など、月額化・定額化に踏み切ったサービスを挙げていくときりがない。始めやすい、比較的単純化されたサブスクリプションであるが、それゆえにわかりやすく、またアドビのように見事な成功を収めた例も相まって、このグループの事例がマスコミを賑わすことが多いのはこれまで述べたとおりである。ちなみに、レナウンは昨年からビジネスウェアの月額定額制トータルサポートサービス「着ルダケ」の本格展開をスタートした。春夏と秋冬の2シーズンごとにレナウンのスーツを提供し、クリーニングや保管、引き取りを一括して行うサービスで、一見これは第1グループのモノの販売を月額化・定額化したサブスクリプションの典型例に見えるが、クリーニング・保管・交換配送・補修・コンシェルジュによる見立てサービスが含まれており、実は既存のモノの単純な値札替えでなく、「着るコト」を提供している第2グループに近い。しかし一方で、既存のモノとの経済的な合理性が試算しやすいという点で、第1グループが有している構造的なジレンマからは脱し切れていない（第1章参照）。

このように、マスコミで多く取り上げられる例、特に飲食や一般消費財であっても、自身や自社のビジネスと離れているから、と敬遠するのではなく、第1グループで留めているのか、第2グループへ近づけているのか、第1グループであるなら売り手と買い手の経済合理性をどうバランスさせようとしているか、という視点で先行例を見ると、より面白く捉えられるはずである。

新規参入者がメインプレイヤーに取って代わる

「モノからコトへ」はいまマーケティングの世界では流行りのフレーズではあるが、第2グループの例として、CDやダウンロードコンテンツを音楽ストリーミングサービスに置き換え「音楽を聴くコト」で市場を席巻したスポティファイ、電球というモノから「明かりが点いた環境というコト」にシフトしたフィリップスの例を挙げた。第2グループや第3グループのサブスクリプションの例は、馴染みやすい一般消費者向けのビジネスだけではない。次章以降で詳説するように、BtoBのビジネスでもいま熱を帯びており、知恵

お金・決済のビジネス革命

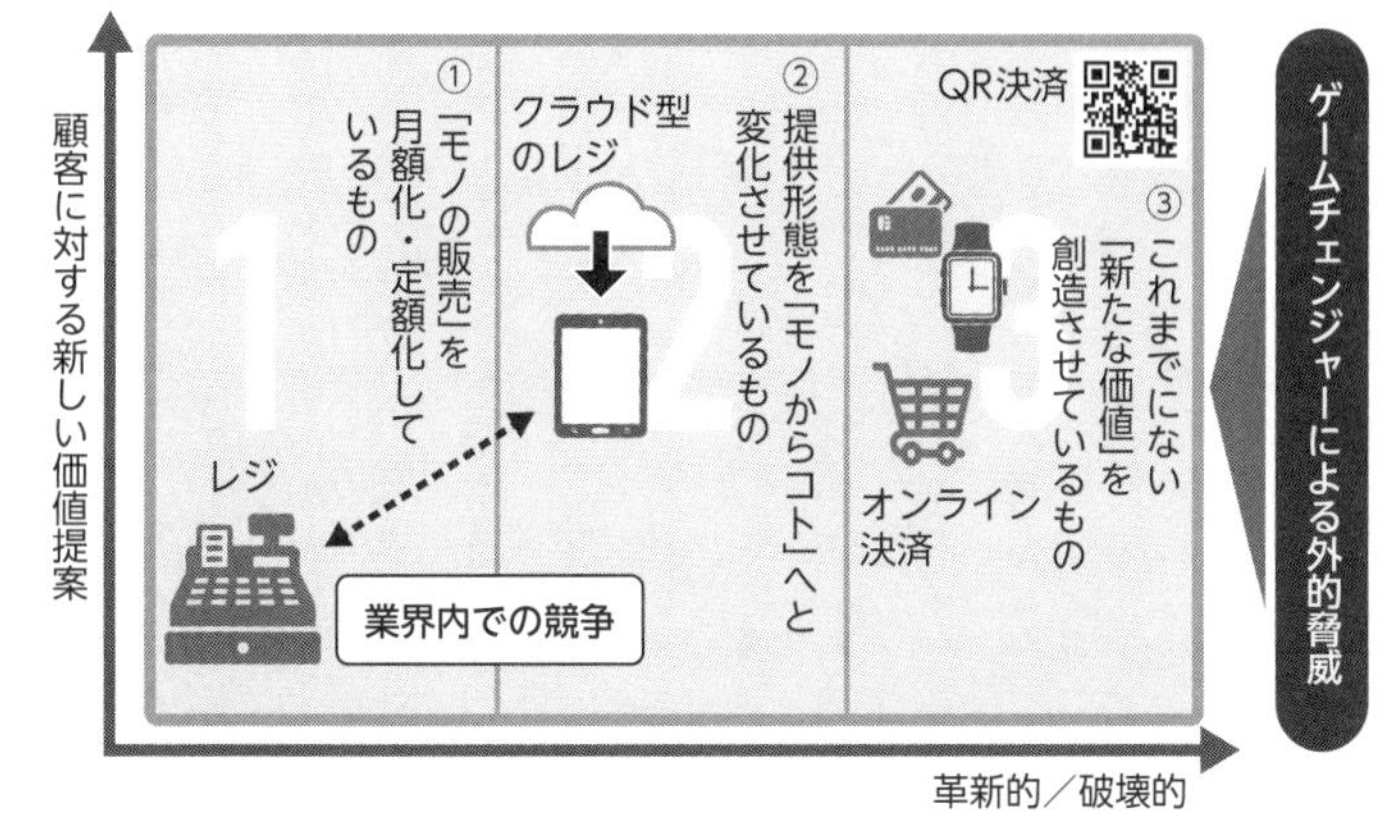

を絞る価値が見いだせる領域ともいえる。もう1つの例として、お金や決済のビジネスを取り上げてみよう。

　小売店ならほぼどこにでも置いてあるPOSレジは、POSレジというモノを買い切りで導入する店もあれば、レンタルのような形で、単純化されたサブスクリプションによって導入する店舗もある。そんな中でいま、**クラウド型POSレジ、という新しいタイプ**が登場し普及している。これはモノとしてのPOSレジが売られているのではなく、そもそも、これまでのような姿形をしたレジはまったく必要ない。手持ちの情報端末にPOSレジ機能を付与するサービス、いうならば「モノは何でもよく、POSレジ機能を使うコト」を提供している、といったほうが近いだろう。

手持ちの情報端末、例えばタブレットを使って商品のバーコードをスキャンすれば、従来のPOSレジと同様に、商品価格の参照、売上データの登録、もちろん顧客の支払額の計算などができる。タブレットで利用できるこのクラウド型のPOSレジを導入すれば、従来のモノとしてのレジスターはもう必要ない。この場合はタブレットをレジとして使用してこそいるが、そもそもタブレットは金銭登録機に特化したモノではなく、クラウドにあるPOSレジ機能相当のソフトウェアによってレジスターに「化けて」いる。

つまり、このサービスを利用する顧客は「商品価格参照、売上データの登録、もちろん顧客の支払額の計算など、ができるコト」を指向しており、物理的なモノは指向していない。この観点からは、第2グループのサブスクリプションだといえる。

重要な点として、第1グループと第2グループで顧客の指向は共通しており、どちらも実は、あらかじめ「POSレジによって『できること』」を想定している。その想定に対して、モノを見せるのか（レジを手に入れると〈当然〉「POSレジができること」ができる）、コトを見せるのか（「POSレジができること」そのものを売る）、という違いが第1グループと第2グループの違いであり、ある程度第2グループは第1グループの延長線上に発想できるともいえるだろう（後に第5章でページを割く、この「顧客が欲しいのは『ドリル』なのか『穴』なのか」という観点から見ることが、実は第2グループのビジネスを考える大きなヒントになる）。一方、第3グループは、後述するように本質的には近いかもしれないが見た目はまったく違うことを提案してしまうので、事業者も顧客も、前提とする指向と想定が大きく飛躍することになる。だからこそ、これまでの競合でない第三者が突然参入してくるリスクもある一方で、これまでのビジネスと完全に並列できるチャンスもある。

レジの例での第3グループを考えてみよう。クラウド型POSレジの特徴は、低コストで、操作性が高く、場所を選ばずに利用できる点にある。端末を持ち歩くことができて、会計ソフトとも自動連携するため、レジデータの読み込みや打ち直しも必要ない。

一方でデメリットもある。やはり情報端末というハードウェアを準備しなくてはならず、アプリと情報端末の相性で、場合によっては不都合が生じるケースもないではない。POSレジ同様、釣り銭を用意する手間もかかる。

これらのデメリットを補う新しいタイプの店頭決済手段として登場したのがスマホ決済だ。この段階に至ると、**店側にレジ機能を提供するためのハードウェアはまったく必要ない**。店頭にQRコードを掲げておけば、もう店側のハードウェア面の負担はほぼゼロで、POSレジはもちろん、タブレットなど一切のハードを用意せずに決済ができる。スマホ決済が主流の中国で、路上に野菜を並べて売っている行商のおじさんのうしろにＱＲコードが掲げてある、あの世界である。

客が自分のスマートフォンでスキャンをし、決済するだけ。それでいて事業者側はいつどのような日にどの客がどのような買い物をしていったのか、詳細で綿密な情報を得ることができる。面倒な釣り銭の準備からも解放される。ここまで行ってしまうと、導入する店側からしても、レジを導入するという概念そのものが希薄化しており、まったく別の価値設定の金銭収納手段を手に入れている、という意識になっているはずだ。このような、まったく新しい別の価値のものにソリューション自体が置き換わってしまう、というのが第３グループのサブスクリプションの特徴といえるだろう。

ゲームチェンジャーがやってくる

第３グループのサブスクリプションには、まったく新しいプレイヤーの参入が可能である、という特徴もある。レジの例でいえば、少なくとも第２グループのクラウドＰＯＳレジまでは、ＰＯＳレジ作りのノウハウが必要になるため、これまで近い世界にいたプレイ

新規参入者が市場を作る

既存市場のプレイヤーとはまったく異なる新規参入者が短期間に、
ルールの異なる新しい市場を作り、**メインプレイヤーに代わる**時代に

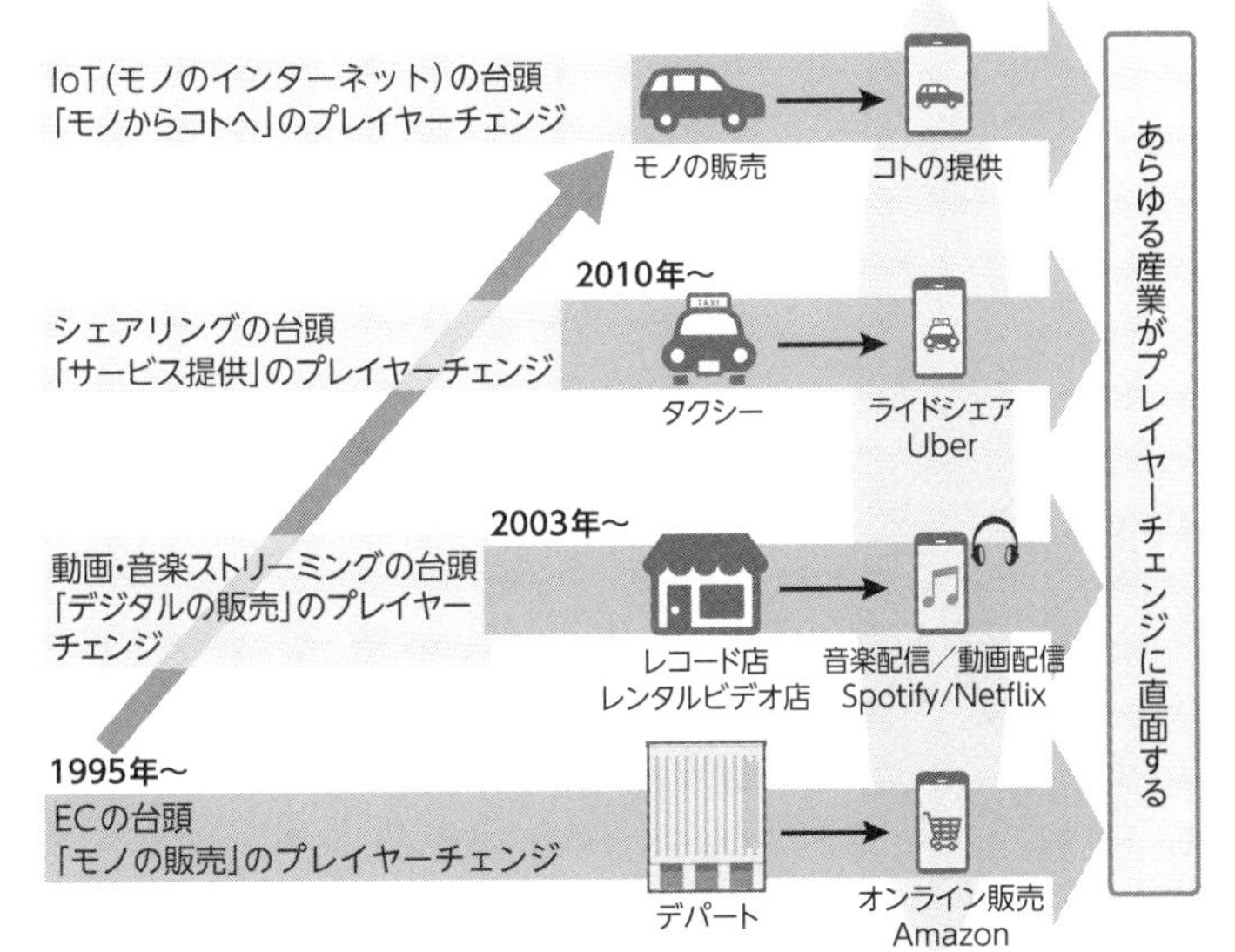

ヤーが必然的に中心となる。物理的なレジを作っている会社にとって、競合状況は想定の範囲内にあるはずである。

しかし、スマホ決済となると、もう競合相手は同業他社にとどまらない。**既存市場のプレイヤーとはまったく異なる新規参入者が出現する。**がぜん外的脅威が高まるのだ。

外の世界から、業界の構造を一気に覆《くつがえ》しかねない強敵が複数で、しかも短期間のうちにやってくる。新参者のプレイヤーがルールの異なる新しい市場を作り、従来のメイ

ンプレイヤーに取って代わる時代が幕を開けることになるだろう。破壊的イノベーションを指向する、ゲームチェンジャーの来襲だ。

QRコード決済を導入しているスマホ決済アプリのプレイヤーたちの顔ぶれを見ると、外的脅威の実態がよくわかる。「PayPay」、「LINE Pay」、「楽天ペイ」のバックグラウンドは、それぞれソフトバンクとヤフーの合弁会社、LINE、楽天の系列だ。ゲームチェンジャーは業界の外から束になってやってくる。

かつて、レジスター業界では、東芝テックや富士通フロンテック、NECプラットフォームズ、日本NCR、寺岡精工といったメーカーが激しいシェア争いを繰り広げていたが、いまマーケットの構図は門外漢によって大きく塗り替えられようとしている。

しかもやり方がドラスティックだ。「PayPay」が実施した100億円キャンペーンをご記憶の方も多いだろう。最大100億円を「PayPay」利用者に還元するこのキャンペーンは2回にわたって開催され、大変な反響を得た。

知名度は一気に高まり、導入店も急増した。従来型のレジメーカーでは到底実現不可能であり、そもそも考えもつかないような販促策を考え、実行に移す。過激なまでの行動力とPR力、豊富な資金力を備えた外敵にさらされ、お金や決済のビジネスは大きな転換点を迎えている。**ゲームチェンジャーによる衝撃度は、「破壊的」なレベル**だ。

モビリティ分野でビジネス革命が進行している

自動車の販売という「モノ」ビジネスから、カーシェアリングやライドシェアなどの「モノ＋コト」ビジネスへ。**モビリティ分野もサブスクリプションとともにビジネス革命の道をひた走っている**。

まず、第1グループのサブスクリプションの代表はオートリースだろう。自動車に乗りたいときには車を買って乗る、という選択肢以外に、定額課金という別のオプションを提供している。

車に乗りたいと思ったら手軽に気軽にカーライフをスタートできて、しかも違う車に乗りたくなったら即、乗り換えて、不要になったら返却すればいい。トヨタの自動車のサブスクリプション乗り換えサービス「KINTO」は、カーライフに伴うさまざまな制約や不満を解消する画期的なサービスとして大きな話題を呼んだが、購買の代替から、保険や保守を組み合わせて車に乗るコトを提案する、という点では第1グループから第2グループへの転換点に位置しているといえる。

モビリティ分野・自動車業界のビジネス革命

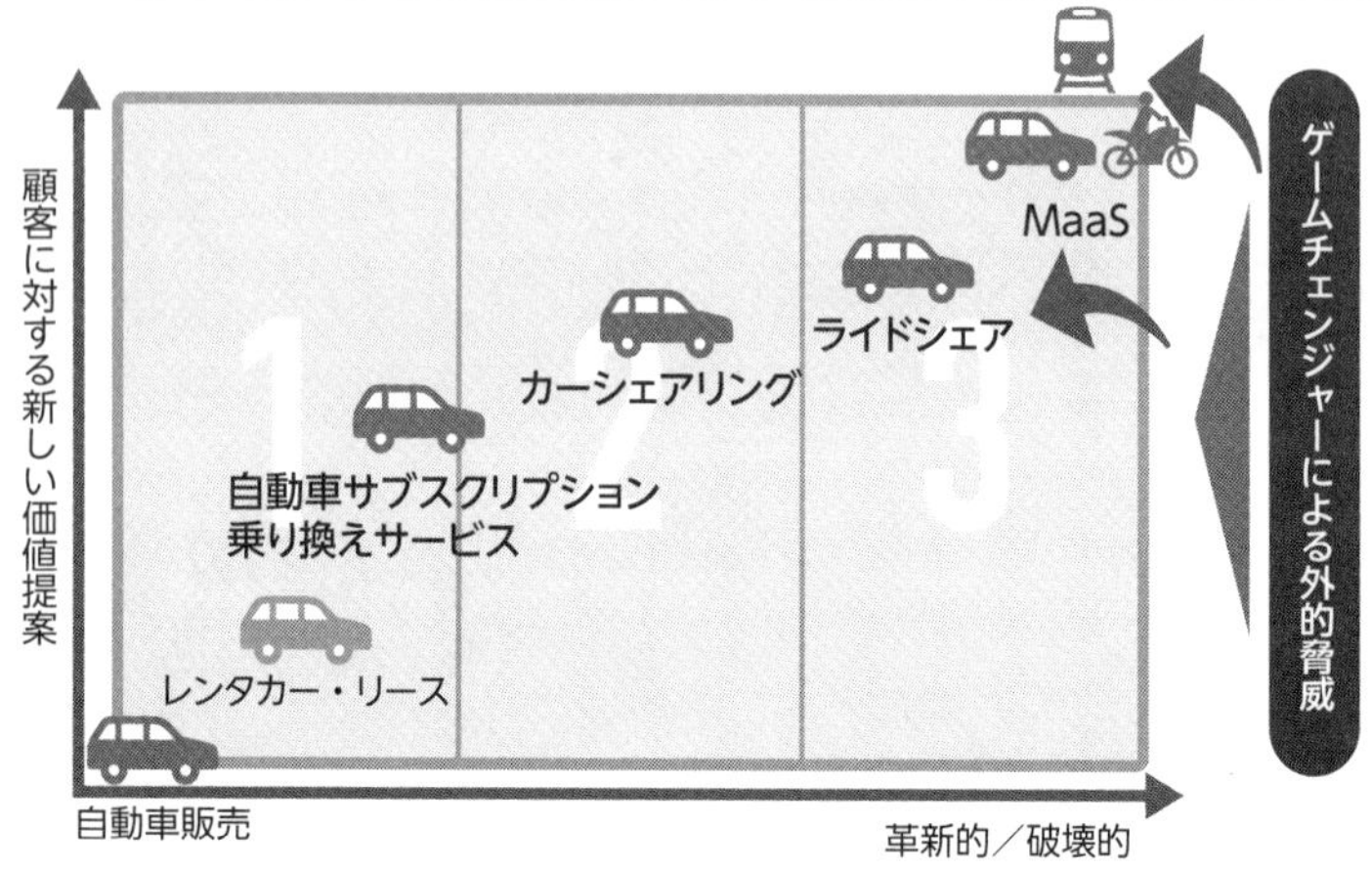

モビリティ分野で第2グループに属しているサブスクリプションが、カーシェアリングだ。カーシェアリングはもう、モノの提供という価値提案ではない。「車を貸す」という行為自体はレンタカーやオートリースと同じでも、事業者が利用者に提供しているのは車というモノではなく、メンテナンス・ガソリン・駐車場・保険まで一体化した「車に乗る」というコトの提供だ。

ウーバー（Uber）やリフト（Lyft）に代表されるライドシェアは、第3グループのサブスクリプションに該当する。カーシェアとライドシェアは一見似たようなサービスに思えるが、カーシェアが事業者・個人が所有する車両を利用者に貸し出すサービスであるのに対して、ライドシェアは車両の所有者と移動手段として車に乗りたい利用者を結びつけるサービスだ。カーシェア・ライドシェアは、すでにあるモノを活用してまったく新しい価値を創造しているビジネスであり、サブスクリプションによるビジネス革新が進められた好例であろう。

ライドシェアでは、もう自動車は単なる「足」でしかない。オートリース、レンタカーからカーシェア、ライドシェアへと革新性のグループが移るにしたがって「どんな車に乗りたいか」という利用者の車の好みが、そのサービスを使うかどうかの決め手の1つにはなりづらくなっていく。つまり、第1グループから第3グループに行くにしたがって、車（モノ）の求心力は薄れていく。利用者が求めているのは移動することであり、車は結果としての手段に過ぎない。サブスクリプションによるビジネス革新が新しい価値をもたらし、既存事業者にとっての脅威になることはもちろんであるが、見落としがちな隠れた脅威として、ビジネス革新のその裏で「既存価値の再編」が粛々と行われてしまうことにある。

MaaSに至っては、利用者の移動に対する概念がさらに拡大する。MaaSとは、「Mobility as a Service」の略で、直訳すれば「サービスとしての移動」となる。わかりやすくいえば、**個人の移動を最適化するためにさまざまな移動手段を活用して、利用者の利便性を高めるサービス**であり、さまざまなモビリティを1つのサービスとしてシームレスに利用できるプラットフォームだ。

バス、電車、レンタカー、タクシー、レンタサイクル、飛行機などあらゆる移動手段を、1つのサービスへと進化させたMaaSは、レンタカーでもなければカーシェアリングやライドシェアとも違う。新しい価値提案であり、利用者の移動に対する概念の拡張が、また別の1つの概念を生み出した、とすらいえるだろう。

同時に、先に挙げた既存事業者にとっての「既存価値の再編」の脅威は、さらに進行することとなる。第2グループのクラウドPOSが「POSレジというモノ」の想像の範疇内にいたように、まだカーシェア・ライドシェアでは「車に乗る」ということが前提になっている。一方、MaaSでは車に限らず、ユーザーにとってそのときに最適な交通手段が呈示（サジェスト）される。つまり、ユーザーにとって「車に乗る」ことは結果としてサジェストされる一手段に過ぎなくなり、「車に乗るためのサービスを利用する」という概念はより希薄化する。この状態において、はたして車というモノ、例えばメーカーや車種や色が、車というモノを購入すること、あるいはサブスクリプション第1グループのレンタカーやオートリースと同じくらいの求心力を有しているだろうか？

第1グループから第3グループに行くにしたがって、モノの求心力が薄れていく。逆説的には、モノを扱う企業にとっては、第3グループで従たる立場に立たされる前に、その第3グループのサービスを自分でやってしまい、顧客とのタッチポイントを先に確保しておく、という戦略が必要になってくる。世界最大の自動車メーカーであるトヨタ自らが「モビリティ・カンパニー」へのシフトを謳っている、要諦はここにあるのではないだろうか。既存のモノ売りや第1グループ、あるいは第2グループが衰退するか隆盛するか、という判断とは別に、第3グループのサブスクリプションビジネスが外的脅威によってもたらされ、その領域で自社が劣後した立場に置かれる前に、先んじてその領域に進出し手を打っていく、という攻めの戦略である。

さらに、ここまで変革が進むと、MaaSの周辺には保険体系など新たな産業潮流が生み出されていくことは間違いない。また、ビッグデータの蓄積と再利用、スマートデバイスを介した細かなパーソナライゼーションの実現など、技術革新と両輪になった価値創造も予想される。モビリティ産業を俯瞰したときに見えてくる光景は以前とはまったく異なってくるだろう。

ゲームチェンジャーが市場再編・市場淘汰を引き起こす

第3グループのサブスクリプションには外的脅威が増していくと先に述べた。

例えば、さまざまな交通手段を包括したサービスを提供するＭａａＳの旗手としても注目されているウーバーは、自動車メーカーではない。ＩＴベンチャーだ。

トヨタ自動車は、ＭａａＳ事業を展開するためにソフトバンクと共同出資しモネ・テクノロジーズを立ち上げた。このモネ・テクノロジーズがスタートしたコンソーシアムには、コカ・コーラボトラーズジャパン、ＪＲ東日本、ファーストリテイリング、フィリップス・ジャパン、三菱地所、ヤマトホールディングス、ヤフーなど、業界外の企業２７６社（２０１９年6月末時点）がずらりと名を連ねている。ＭａａＳが新しい価値を創造し、それによって新しい市場が創造されることを見込んだ、商機拡大を狙っての参画であることはいうまでもない。

新しい価値の創造は「革新」と同義語だ。しかし、既存の慣習にも制約にも縛られないゲームチェンジャーが外部から登場し行う「革新」は「破壊的」性質を帯びていく。産業の根本を揺り動かし、市場淘汰・市場再編が引き起こされる可能性が高い。

移動する手段であれば、もう車は特定のメーカーでなくても構わない。ヒュンダイでもいいし、ボルボでもいい。消費者の価値観が変われば、既存の自動車会社の覇権が揺らぎかねない。そうした事態を防ぐためにも、自動車メーカーはＭａａＳには積極的に関わっていかざるを得ない。**未来を生き残っていくための活路**なのだ。

日本は、大都市に限っていえば交通網が非常に発達している。ＪＲでも私鉄でも地下鉄でも、他の先進国と比べて電車の遅延は非常に少なく、交通機関に関する悩みは全般的に小さい。そのため、ＭａａＳの利便性といわれてもあまりピンとこないという人が多いが、自動車メーカーはすでにグローバルな市場で戦っている。発祥の国フィンランドを始め、欧米諸国では着実にＭａａＳが広がり始めている。それだけに自動車メーカーの危機感は強い。

日産やホンダとシェア争いをしていると思っていたら、いつのまにか自動車とはまったく縁がない会社だったはずのグーグルのような企業と戦わなければならなくなった。そんな事態は、はたして絵空事だろうか。

日本企業に勝機はあるか

このように、「顧客との継続的な関係を担保する」サブスクリプションは、新たな価値を創出する革新性を持つ一方、ときとして破壊的イノベーションと噛み合って、既存産業を破滅的な方向に導きかねない。

では、「技術革新」「リテラシーの醸成」「購買環境の向上」という土台が築かれ、ビジネス革命が容赦なく進行していく時代の趨勢の中で、日本企業はどのような役割を果たしていくのだろう。革命を起こす当事者になり得るのか。あるいは、ゲームチェンジャーに屈してしまうのか。

詳しくは第5章で述べていくが、日本企業には多大なチャンスがある、いや、**日本企業「こそ」有望であり、勝機を握っている**といえる。

現在、多くの人が「サブスクリプション」と聞いてイメージするビジネスの多くは海外由来だ。ネットフリックスしかり、アマゾンしかり、スポティファイしかり。MaaSのように海外が先行して、日本が後塵《こうじん》を拝している例が圧倒的に多い。

そのため、どうしても日本には勝ち目がない、海外勢にはかなわないという印象を持ちがちだが、サブスクリプションとは何も一般消費者にモノやサービスを提供するビジネスだけを対象にしているわけではない。

BtoBのフィールドにもサブスクリプションは存在しうる。むしろ、この**BtoB形態のサブスクリプションこそ、日本企業の持ち味、個性、特徴を活かすことができる領域**だ。既存の商流や商習慣を尊重した上で、サブスクリプションを取り入れた事業変革を進めることは不可能ではない。持ち前のエコシステムを応用しながら、破壊的な変革ではなく、

既存産業に寄り添った建設的な革新へ

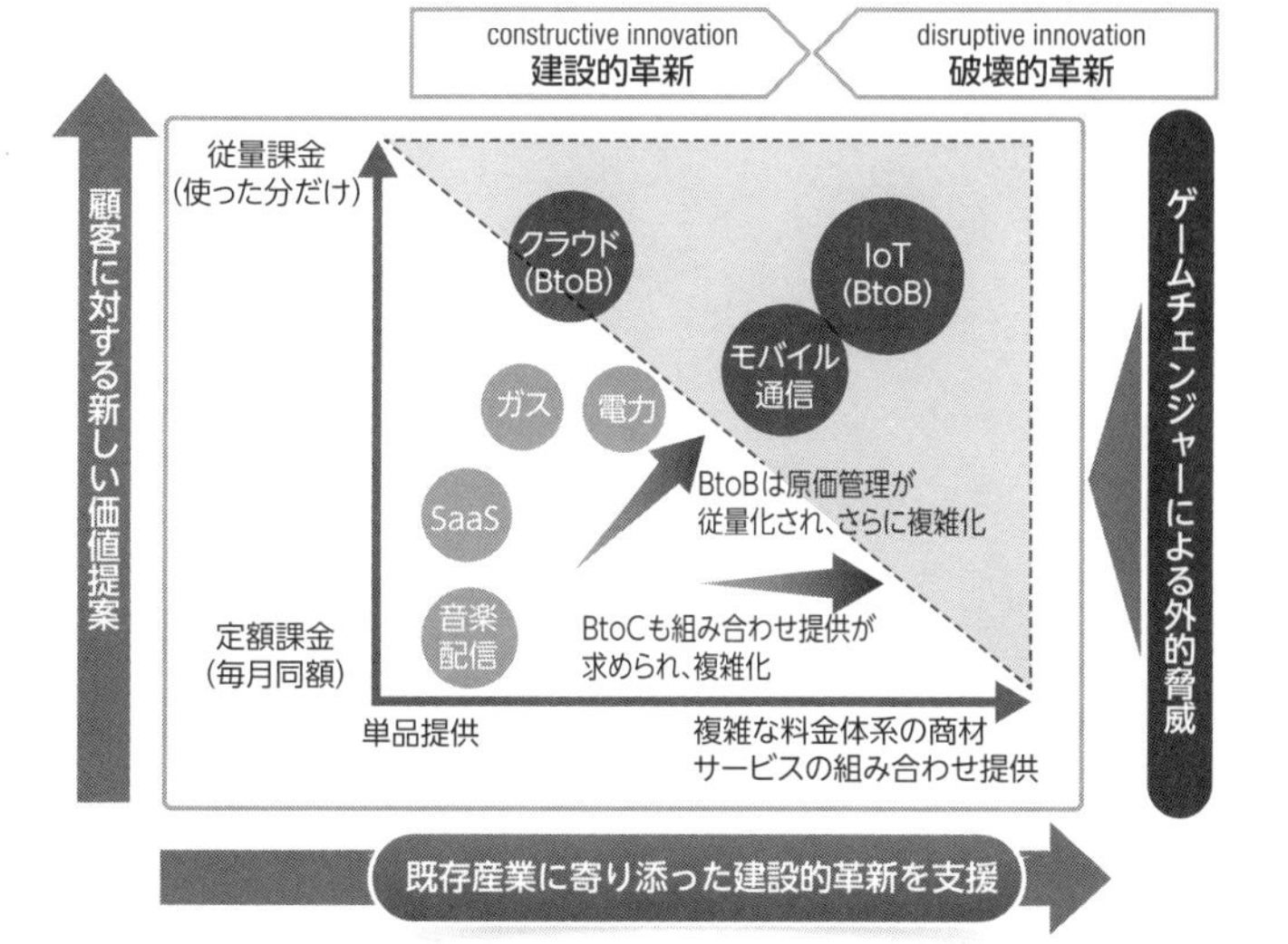

建設的な変革を起こす。それは実現不能な夢ではなく、現実に進行している。

日本には世界シェアナンバーワン企業が多数存在する。一般の知名度はさして高くないが、業界では誰もが知る企業。そんな強者《つわもの》をこの国はたくさん抱えている。ナンバーワンに至らずとも海外のメーカーと伍して戦い、成果を上げている企業も少なくない。誰もがパッと思いつくであろう、一般消費者に親しみのあるパナソニックやソニー、シャープのような民生用電機メーカーやトヨタ自動車、本田技研工業のような完成車メーカー。さらには、IHI（旧石川島播磨重工業）や日立製作所、三菱重工業のような重工・重電メーカー、ファナックや安川電機のような産業用ロボット、コマツやクボタのような建設機械、ＤＭＧ森精機やオークマのような工作機械といったＢtoＢに強みを持つ世界的な製造業。化学分野では三菱ケミカル、東レといった総合化学メーカーに加え、分野ごとの世界トップシェアを誇る企業としてクラレ、信越化学、カネカ、クレハ、他の隣接分野においても世界二大印刷会社である大日本印刷と凸版印刷、ＴＯＴＯや日本ガイシを擁する世界最大のセラミックス企業グループである森村グループ。一般消費財でも飲料・食品ではアサヒビールやキリン、日本ハム。さらに花王や資生堂といったトイレタリー・化粧品メーカーも挙げられる。すべてをここで紹介するのがとうてい困難なほど、日本は世界ランキング上位のグローバル企業のオンパレードだ。

世界トップクラスということはグローバルな舞台で戦い、勝利をおさめているということだ。こうした企業の多くはすでにしっかりとした販売網を確立している。確固たるビジネスモデルを構築し、マーケットを掌握している。ここにサブスクリプションを導入できれば伸びしろは膨大だ。限りない「上乗せ」を期待できる。

ただし、一足飛びの展開は難しい。いきなり革新的なサブスクリプションを実現するのは容易なことではない。そもそも、精度の高い販売網とビジネスモデルを有しながら、顧客とのタッチポイントすら皆無という企業も多いのだ。

だが、**既存のビジネスモデルを活かしながらタッチポイントを設け、サブスクリプションによって新しい価値を生み出すことは十分に可能**である。それができれば、外界からのゲームチェンジャーも太刀打ちできない。

では、どのようにサブスクリプションを考え、いかにして進めていけばいいのだろう。その前に重要なのは、進化するサブスクリプションの実態を知ることだ。目につきがちな流行の、特にコンスーマー向けのサブスクリプションビジネスばかりに目を奪われることなく、新たな潮流である第3世代のサブスクリプション、SMARTサブスクリプションを知り、このBtoBと相性のよいSMARTサブスクリプションを自社のビジネスに取り込んでいくことが重要だ。次章では、新世代のサブスクリプションの特徴について解説しよう。

第3章

これが第3世代の
サブスクリプションだ!

SMART
Subscription

第3世代は「S」「M」「A」「R」「T」がキーワード

すでに述べてきたように、サブスクリプションの語義範囲は非常に広い。「顧客との継続的な関係が担保されている」という要件さえ満たしていれば「サブスクリプション」だ。したがって、対面や店舗、紙の契約書などのタッチポイントで顧客と継続的につながっている保険や保守サービス、オートリースなどの伝統的なビジネスも、すべてサブスクリプションと捉えることができる。もちろん、サブスクリプションが事業者、顧客、双方に一定の経済的合理性があるからこそ、サブスクリプションビジネスは成立する。

そして、サブスクリプションは時代とともに進化を続け、第2世代といえるサブスクリプションでは、顧客とのタッチポイントが、人・店舗での対面、紙の契約からオンラインストアのマイページやＩＤ（アカウント）に拡大した。一方で、こういったタッチポイントにアクセスする顧客の手段も進化し、いまやスマートフォンが主流となっている。このような技術革新とそれを取り巻く人々のリテラシーの醸成、さらには購買環境の向上の相乗効果によって、他の商習慣や文化と同様に、サブスクリプションは次世代への進化のタ

SMARTサブスクリプションとは

Sequential（連続性）
アップセル／クロスセルといった次の購買行動を連続的に引き起こしうること（×ストック／リカーリング）

Mutual（相互性）
プロダクトアウト型の一方向でなく、顧客側からのトリガーを有すること（×レンタル）

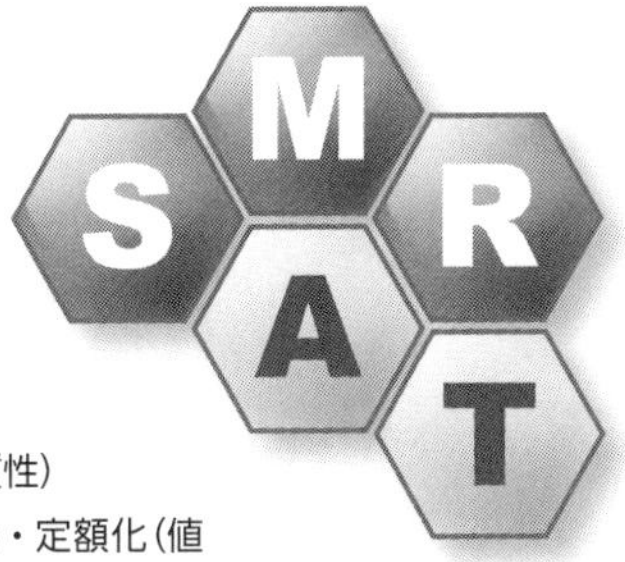

Responsive（即応性）
1対他（同一製品・同一価格）の関係でなく、1対1の関係にあること（×定期購読誌）

Alterative（変質性）
既存製品の月額化・定額化（値札付け替え）ではなく『モノからコトへの変化』『新たな価値創造』を実現していること（×定期宅配／飲み放題／頒布会）

Transformable（転用性）
構築した仕組み・取得したデータをもとに、より高度なモデルへの転換が可能であること（×公共料金）

イミングを迎えている。

そして昨今、**「SMARTサブスクリプション」と表現できる進化と、これを活用しようとする潮流が起こり始めている。**

この、第3世代といえるサブスクリプションと、第1世代・第2世代との境界は、第3世代サブスクリプションが持つ**「S」「M」「A」「R」「T」の5つの特性**で表現できると考えられる。Sequential（連続性）、Mutual（相互性）、Alterative（変質性）、Responsive（即応性）、Transformable（転用性）の5つの頭文字を取った言葉である。

もちろん、旧世代であろうと新世代であろうと、サブスクリプションにもっとも必要な要素とは「顧客との継続的な関係」だ。これこそが、いまも昔も変わらないサブスクリプションの本質である。

加えて、第3世代のサブスクリプションは旧来型のそれと比べて、際だった特徴を備えている。それが「SMART」だ。

ただし、第3世代サブスクリプションが必ずしもSMARTの5つの要素を備えなければならないわけではない。後述のように、5つの要素を部分的あるいは段階的に活用した例も多くある。業態によっては、SMARTをすべて備える必要がない場合もある。SMARTはいまの時代のサブスクリプションに絶対的に必要な要素ではなく、単に、これらの要素を多く備えたスタイルが、第3世代のサブスクリプションに分類されるということにほかならない。

加えて留意したいのが、第2世代よりも前のサブスクリプションが時代遅れになったわけではなく、劣後するわけでもないということだ。そもそもすべてのビジネスがサブスクリプションになる必要性も必然性もなく、サブスクリプションは必ずしもSMARTを指向すべきものでもない。サブスクリプションをビジネスに活用するためには、互いのスタイルが噛み合うことが、何より大事であることは本書でも再三指摘しているところである。

では、新しいテクノロジーを活用し、産業に変革のインパクトを与えようとしている第3世代のSMARTサブスクリプションについて詳しく考察していこう。

相互の関連性から2グループに分けて考える：エボリューション指向とイノベーション指向

第3世代サブスクリプションに特徴的なSequential（連続性）、Mutual（相互性）、Alterative（変質性）、Responsive（即応性）、Transformable（転用性）の「S」「M」「A」「R」「T」の5つの特性は、それぞれ個別の条件としてバラバラに並立しているわけではなく、相互に深い関連性を持っている。

そして、その関連性は指向するサブスクリプションのタイプによって大きく2つのグループに分けることができる。

1　S‐M‐R連動：エボリューション指向サブスクリプション
2　A‐T連動：イノベーション指向サブスクリプション

ここでは、便宜的に**「エボリューション（進化）指向サブスクリプション」**、**「イノベーション（革新）指向サブスクリプション」**と呼んでいる。1は**既存ビジネスの進化を目指す**サブスクリプションだ。

サブスクリプションの要件である「継続的な関係が担保されている」顧客から連続して注文を受け、さらにその頻度や量を増やす（＝S（連続性）を高める）ことは、いまも昔も変わることがない普遍的なビジネスの目標だ。この目標を実現するためには、**タッチポイントの見直しや拡大**を通じて顧客とのM（相互性）を高めていくことが欠かせない。

このように、S（連続性）とM（相互性）の結びつきは強く、その関係は表裏一体で成り立つといっても過言ではない。そして、強化されたこの継続的な関係の中で、顧客に提供すべきもっとも重要なエクスペリエンス（体験価値）こそがR（即応性）となる。

一方、2の「イノベーション指向サブスクリプション」は、既存ビジネスの実績や経験をベースにしながらも、**まったく新しいタイプのビジネスの創出を目指している**。例えばオートリースは広義（旧世代）のサブスクリプションと考えることができるが、企業が得られる収益は「月額リース料×契約期間」であらかじめほとんど決まってしまう。これに対して、業態がオートリースからカーシェアリングに変化すると、「月額リース料×契約期間」の計算式の枠を出て、収益構造は一変する。つまり、ビジネスが変質（A）する。

現在、国土交通省や自動車メーカー、公共交通機関などがICTを活用して交通をクラウド化し、モビリティ（移動手段）を社会的なサービスに変えていく「MaaS（Mobility as a Service）」構想を打ち出していることは先に述べたとおりだ。実現すれば、この動きと連動させて従来にないコト（付加価値サービス）を基軸とした新規ビジネスが展開し、顧客にアプローチしていくことになるだろう。こうして生まれた新しい世界はもう既存ビジネスの延長ではなく、転用（T）され新しいビジネスになっている。

サブスクリプションによってA（変質性）とT（転用性）が生まれ、ビジネスそのものが変化し、収益構造も異なるまったく新しいビジネスが創出されていく。A-T連動型のサブスクリプションは「イノベーション指向」であり、S-M-R連動型の「エボリューション指向」とは異なる趣を有することになる。

くどいようだが、「イノベーション指向」が「エボリューション指向」よりも上ということではない。ビジネスのスタイルに噛み合う限り、どちらも「あり」であり、場合によっては「なし」でもある。

S（連続性）－M（相互性）－R（即応性）の連動強化によって実現するエボリューション指向サブスクリプション

「S」「M」「A」「R」「T」の詳説に入る前に、まず、少し俯瞰的な視点からS（連続性）－M（相互性）－R（即応性）の連動強化によって実現するエボリューション指向サブスクリプションの例を挙げ、第3世代サブスクリプションが持つ可能性を考察することにしよう。

意外に思えるかもしれないが、このタイプの新世代サブスクリプションにもっとも近いポジションに立っているのが、顧客に工作機械や産業用ロボット、建設機械などをBtoBで提供している製造業だ。こうした重厚長大の製品を手がけている製造業は、ほぼすべての商談で顧客と保守契約を結んでおり、顧客との継続的な関係が担保されている。

そうした中で日常的に訪問する営業マン、あるいは定期点検や装置に不具合が起こった際に修理に駆けつけるサービスエンジニアなどがタッチポイントとなり、交換部品やオプション製品、あるいは新規設備の注文を連続的に受けている。つまり、サブスクリプションの要件である「顧客との継続的な関係が担保されている」ことがすでに備わっているといえる。広義のサブスクリプションの中に最初からあるビジネスなのだ。

そして、この旧いが広義のサブスクリプションの範疇にあるビジネスを進化させる原動力となっているのが、ＩｏＴを活用した新たなタッチポイントの出現だ。いち早く取組みを開始した例として、建設機械メーカー大手のコマツを取り上げよう。

コマツは、自社の建設機械の情報を遠隔で確認する「KOMTRAX（コムトラックス）」というシステムを開発し、２００１年より標準装備化を進めてきた。建設機械に組み込まれた多数のセンサーやＧＰＳにより、1台ごとの位置や稼働時間、稼働状況、燃料の残量などの情報を収集し（Ｍ（相互性））、インターネット経由で管理するシステムだ。

これにより部品が壊れる前にその予兆を検知して手配するなど即応性（Ｒ）が高まっただけでなく、リテールファイナンスにおける与信管理が行いやすくなり、レンタルで提供する建設機械の稼働率も高まった。中国では「KOMTRAX」を搭載した建設機械は盗難される件数が少ないといわれることから、盗難保険の保険料が下がるといった副次的な効果も表れるなど、いままでになかった新しい価値をも顧客に提供している。

こうしたコマツの成功事例はＢtoＢ分野の他の製造業にも大きな影響を与え、「モノ」の売り切りを中心とした旧態依然としたビジネスモデルから、顧客に新たな価値を提供して継続的に対価を得る（Ｓ（連続性））を高める）「コト」を中心としたビジネスへの転換（Ａ（変質性））が促されている。この**新世代サブスクリプションへの進化と適性が噛み合**

うのは、コマツのような製造業、特にBtoBの製造業が最右翼である。そう、日本企業の強い領域だ。

本書では、多くの日本企業が目指すべき道はこれまでの特徴や強みを活かした建設的イノベーションではないか、という仮説を立てている。破壊的イノベーションと相性の良いシンプルでマス指向のサブスクリプションのスタイルではなく、建設的イノベーションにふさわしいサブスクリプションのスタイル、**技術革新によってこれまでの商習慣や産業を「破壊しない成長」に寄与させるサブスクリプションが存在しうる**はずである、というのがその骨子だ。

第3世代サブスクリプションへの進化と、それを生み出す背景は、多くの日本企業にとって追い風であり、類いまれな好機となっている。サブスクリプションにおける日本企業の勝機については、まず本章でSMARTサブスクリプションの理解を深めた上で、次章以降で詳しく述べていくことにしよう。

サブスクリプションの成否を分ける重要ポイントは「S」の確立：購買行動を連続的に引き起こす

サブスクリプションビジネス

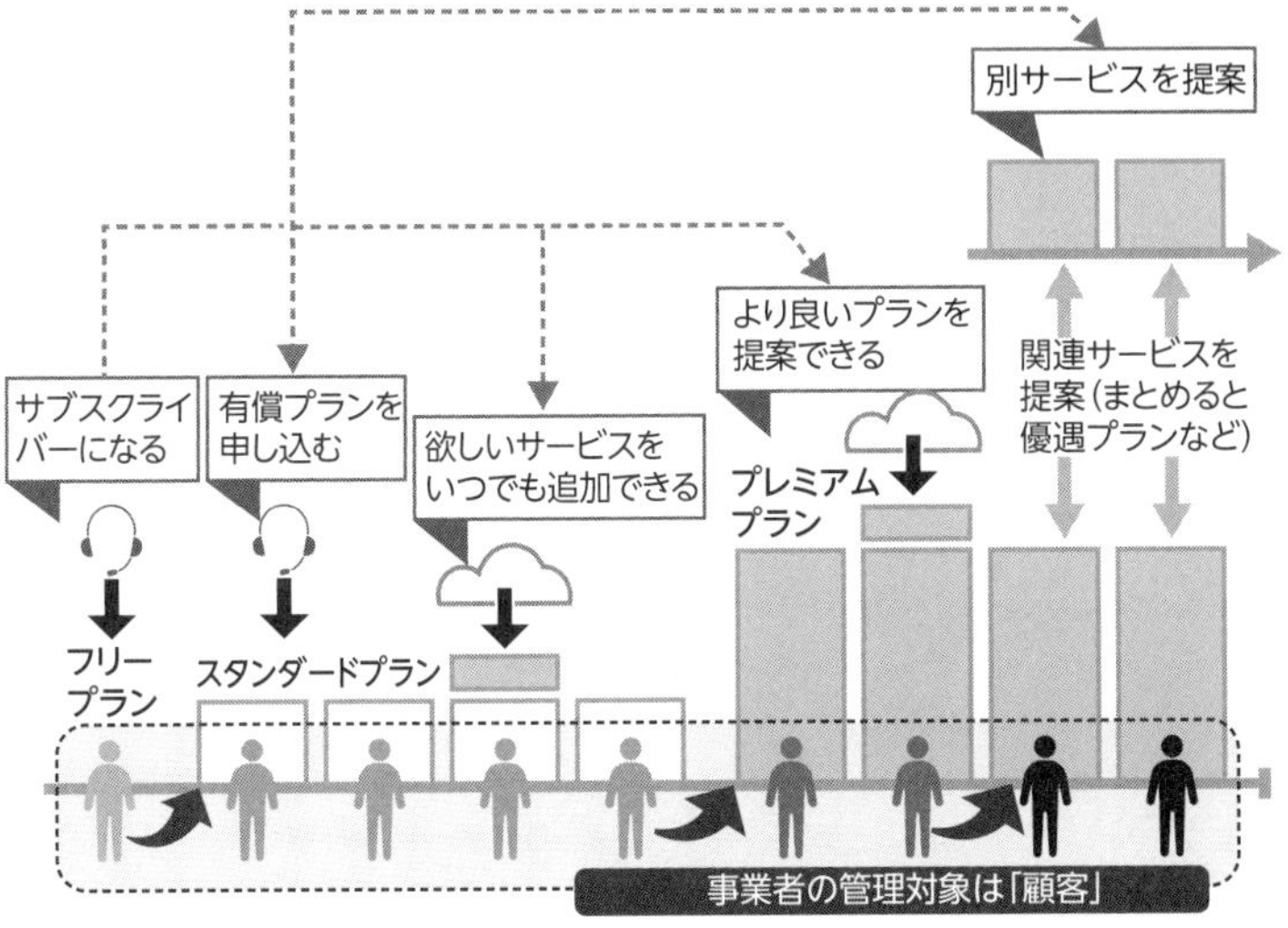

第3世代サブスクリプションを読み解くカギである「S」「M」「A」「R」「T」の5つの頭文字の中でも、特に重視すべきが「S：Sequential（連続性）」だ。

前述したが、マーケティング用語にアップセル、クロスセルという言葉がある。アップセルはより高額な上位モデルに乗り換えてもらうことを指し、クロスセルはセットとして関連商品を勧める手法のことだ。

目的はどちらも顧客単価を上げること。売上を上げるには、顧客の数や利用回数を増やすか、1回あたりの単価を上げるしかない。アップセルやクロスセルは後者の方法だ。

例えば月額固定の商品で、最初は無料プランからスタートし、次いで料金が発生するスタンダードプランへの移行を促し、さらには利用できる商材のバリエーションを増やし、よりクオリティが高い商材を利用できるプレミアムプランにアップグレードしてもらうという流れでは、無料プランからスタンダードプラン、プレミアムプランへと移行するに従って、利用料金は高くなる。これがアップセルの1つの例である。

クロスセルのプロセスとしては、プランの変更にとどまらず、関連サービスを提案することで顧客にいくつかの商材をまとめた契約に踏み切ってもらうという形がある。この流れをスムーズに実現できれば、すなわちクロスセルが成功したということだ。

アップセル、クロスセルによって次の購買行動を連続的に引き起こせるサブスクリプションは、Sequential（連続的）であると表現できる。第1章で述べたように、ライフタイムバリュー（LTV）をいかに最大化するかは、いまさまざまなビジネスが直面している大きな課題の1つ。アップセルとクロスセルが成功すれば、LTVはぐんと引き上げられていく。

本書では、サブスクリプションの本質は、「顧客との継続的な関係が担保されている」ことである、と繰り返し述べてきた。SMARTの「S」（連続性）を高めることは、この「継続的な関係を担保」されているからこそ成り立つものであり、なおかつLTVの観点からも、もっとも重要な要素でもある。

ただしSを高め、維持することは決して容易なことではなく、かなりの困難が伴う。特にBtoC領域を主戦場とする企業は、生命保険の原型となるビジネスが誕生した18世紀から現在に至るまで、顧客とのSを確立するために連綿とした試行錯誤を重ねながら、挫折と失敗の山を築いてきた。その時々の流行やライフステージの変化、懐具合、あるいは単なる思いつきなどによって、消費者は簡単に商品やサービスを見限ったり、乗り換えたりしてしまう。**移り気な消費者をつなぎとめるのは簡単なことではない**。例えば、毎日大勢の老若男女が押し寄せ、長い行列を作っていた人気ラーメン店が、半年も経てばすっかり閑古鳥が鳴いている――。そんな光景もよく目にするではないか。

ビジネスモデルそのものをサブスクリプションにしてしまう

一方で、BtoCの世界でも、IDとマイページを用いたタッチポイントで消費者とつながり、新世代のサブスクリプションで大きな成功を成し遂げる企業が台頭している。

その代表格といえるのが、ご存じアマゾンだ。ただ、一般的な受け止め方と、本書の視点には若干のズレがあるかもしれない。世間一般には、アマゾンが提供するサブスクリプションは、定額課金の「Amazonプライム」を指していると見られがちだからだ。

ちなみにアマゾンプライムとは、年間または月間プランの定額を支払うことで、購入した対象商品の「お急ぎ便」、お届け日時指定便を無料で利用できるほか、映画やテレビ番組など会員特典の対象作品が見放題となる「Prime Video」、100万曲以上の楽曲やアルバム、プレイリストを広告の表示なしで楽しめる「Prime Music」、写真を容量無制限で保存できる「Amazon Photos」、会員特典となるKindle電子書籍の対象コンテンツが読み放題で利用できる「Prime Reading」などのデジタル特典を追加料金なしで使える会員制プログラムだ。

確かに、アマゾンプライムがサブスクリプションであることに間違いはなく、雑誌やネットメディアのサブスクリプション特集などでも、「全世界のアマゾンプライム会員が○億○○千万人を突破!」などと、しばしば引き合いに出されている。

しかし、アマゾンプライムだけがサブスクリプションではない。というより実際には、ECサイトとしてのアマゾンのビジネスモデルそのものがサブスクリプションであり、アマゾンプライムは、その土台の上に乗る、定額課金の「いち商品」に過ぎない。

アマゾンは日本国内だけでも5000万人超(2019年6月現在)のユーザーに対し

てIDを発行し、マイページを用意し、しかもクレジットカードによる決済手段まで握っている。つまり、アマゾンは「顧客との継続的な関係を担保」しているサブスクリプションプラットフォームを有しているのであり、この**巨大なプラットフォームこそが、ユーザーとのS（連続性）を創り出し、アマゾンの収益に貢献しているの**である。

「アマゾンは単に商品購入が便利になるECで、これをサブスクリプションというのはいい過ぎではないか？」という意見もあるだろう。しかし実態として、多くのユーザーは実際に買い物をする、しないにかかわらず、生活のさまざまなシーンでアマゾンにアクセスし、嗜好にあった商品を探したり、カスタマーレビューを読んだり、リコメンド（推薦）された商品を検討している。つまりアマゾンは、商品ではなくコンテンツ（情報）やエクスペリエンス（体験）を通じて需要を喚起し、ユーザーとの間にSを確立しているといっていい。そうしてユーザーは、IDや決済手段によって「担保された継続的な関係」の上で、Sequential（連続的）な注文を重ねていくのだ。

この仕組み全体をサブスクリプションと見ずに、月額固定の「いち商品」に過ぎないアマゾンプライムだけをサブスクリプションと捉えてしまっては、サブスクリプション、特に新世代のそれが持つ可能性や破壊力を見誤ることになる。さらにいえば、アマゾンプライム会員は**毎月会費を払い続け、自身の利用動向をアマゾンに提供し続けてでも、サービ**

スを受けるためにアマゾンとつながることを望んでいる。つまり、事業者にとってS（連続性）とM（相互性）が高められるオプションを、ユーザーがお金を出してサブスクリプション商品として購入しているのである。アマゾンの市場での強さ、プラットフォームの強さが、この一見主客転倒ともいえる事業者優位の状況を作り出している。

ストックビジネスやリカーリングビジネスは第3世代なのか

ところで、連続性という言葉から、**ストックビジネスやリカーリングビジネス**を想定される方も多いかもしれない。

しかし、この2つは第3世代サブスクリプションで問う連続性とは若干趣きが異なる。第3世代サブスクリプションがS（連続性）によって顧客ごとにLTVの最大化を追求するモデルだとすれば、ストックビジネスやリカーリングビジネスは、他の定額商品と同様、例えば毎月、強制的にS（連続的）な注文が走る仕組みではあるものの、その連続性は変化させることができず、よって「旧い、広義のサブスクリプションの中に入る1つの形態」に過ぎない、といったほうがよいだろう。

ストックビジネスを、一度契約すれば一定期間継続して対価を受け取れるビジネスと定義し、その代表例である機械の保守契約で考えてみよう。

いったん、保守契約を結ぶと、契約は1年なり2年なり継続される。「顧客との継続的な関係」が担保されているという意味では確かにサブスクリプションだ。

だが、このストックビジネスにおいては**利用料金が増額する可能性は基本的にはない**。一度設定された金額は契約期間中、ずっとそのまま維持される。契約プランを変更する、あるいは新しい保守契約に切り替えるという選択肢は基本的に考慮されない場合がほとんどだ。

つまり、一度契約したサブスクリプション商品（多くは月額固定の商品）を一定期間内維持し続けるのがストックビジネスの本質であり、ＬＴＶという概念から見ると、これを増大させる施策に乏しい。

リカーリングビジネスについてはどうだろう。

リカーリング（Recurring）とは、「繰り返される」「循環する」という意味であり、単体の製品を販売したその後も顧客から継続的に同様の収益を上げるビジネスモデルをいう。

わかりやすい例として、プリンタとインクを挙げてみよう。インクジェットプリンタを購入すると、専用インクが必要になる。そこで、「毎月1本、インクをお届けします」という契約を結んだとする。

この場合、1本の契約を2本に変更するというケースもなくはないだろうが、ビジネス全体を見ると、毎月、必要なインクが必要な本数だけ届くよう、**最初に選択したプランを維持する傾向が強い**だろう。この観点からは増額の可能性が低く、LTVの最大化はあまり期待できない。

ストックビジネスもリカーリングビジネスも、どちらも「顧客との継続的な関係」を担保した、というサブスクリプションの土台を持ちながらも、それら単体ではLTVの最大化、という手段に乏しい。一方で、構築ずみのサブスクリプションの土台である「顧客との継続的な関係」は応用が利きそうだ。このあたりが、単なるストックビジネスやリカーリングビジネスを進化させるヒントにもなり得るだろう。

第3世代サブスクリプションでいうところの「連続性」とは、ただ顧客との契約が続いているだけではなく、**プランが変わり、利用料金が変わり、追加注文があり、将来的には顧客のLTVが高まる**可能性を包括している。この観点からは、アマゾンプライムが、アマゾンという巨大なサブスクリプションプラットフォームに乗る「月額固定のいちサブスクリプション商品」であったように、ストックビジネスやリカーリングビジネスは、むしろ組み込まれるべき「いちサブスクリプション商品」と捉えたほうが発想が広がるのではないだろうか。

S（連続性）を活用した成功の道は険しいのか

ソニー・インタラクティブエンタテインメントも、同社が開発・販売している「PlayStation 4（PS4）」をサブスクリプションプラットフォーム化することで、大きな成功を遂げた。PS4は世界の家庭用ゲーム機の市場において首位に立ち、稼ぎ頭の1つとしてソニーグループ全体の利益に貢献している。

もちろん、PS4は優れたハードウェアや充実したゲームソフトのラインナップを背景にユーザーの心をつかんだことはいうまでもない。

しかし、「顧客との継続的な関係を担保」し、連続的な注文につなげる**サブスクリプションの仕組みが、PS4のエコシステム自体に組み込まれており**、それが利益をさらに押し上げていることはあまり気づかれていないようだ。

PS4のサブスクリプションの基盤となっているのが、「PlayStation Network（PSN）」というオンラインサービスだ。PS4のユーザーは無料のIDを登録するだけで、オンラインチャットや対戦を楽しめ、ゲームの実績トロフィーを得たりできる。というより、実態としては、PS4で遊ぶためにはPSNへの加入がほぼ必須だ。

こうしてまずPS4ユーザーをPSNに引き込んだ上で、PSNではさらに「有料で」ゲーム内のアイテムや追加ステージを購入したり、月額固定でゲーム遊び放題の商品に加入したり、ビデオ、音楽までも購入できるようになっている。

つまり、PS4でゲームを楽しみ、遊べば遊ぶほどクロスセルやアップセルの誘惑に抗《あらが》いがたくなる。そうなったときにはIDと決済で「担保された関係にある」サブスクリプションプラットフォームから、シームレスに購買が走ることになる。おわかりだろうか。ソニー・インタラクティブエンタテインメントもアマゾンと同様に、**多彩なエクスペリエンスを通じてユーザーとのS（連続性）を高める**ことで、サブスクリプションビジネスを拡大させているのである。

アマゾンやPS4のような例からいえるのは、一般消費者向け（BtoC）の領域で強力なサブスクリプションビジネスを展開できれば、市場の覇者となることも不可能ではないということだ。第1章で話題にしたスポティファイやネットフリックスもその好例だろう。

ただし、そこに行き着くまでには膨大なパワーとリソースを投じる必要があり、生き馬の目を抜く世界で激烈な競争に勝ち抜かなければならない。一般消費者向けの市場で強力なサブスクリプションビジネスを展開するということは、すなわちその市場でシェアを取り、強力な立場を確保していることとイコールだからだ。一般消費者向けの商品を扱ってはいるが、そこまでの規模のない多くの企業にとって、これはなかなかに高いハードルだろう。

ところが企業向け（B to B）の領域に目を向けると、様相がまったく違ってくる。例えば法人相手にさまざまな機器や設備、システムなどを提供している企業は、保守契約やサポート契約といった形で、**B to C企業が苦労・苦心し続けてきた顧客とのつながり（エンゲージメント）をすでに確立できている**からだ。

しかも、破壊的イノベーションの巨人たちは、まずはB to Cの市場を主戦場に選びがちで、B to Bは射程圏外にある。この優位を見逃す手はないだろう。先に紹介したコマツの「KOMTRAX」の事例のように、アイデア次第で〝モノ売り〟から脱却したサブスクリプションのビジネスを展開することも不可能ではない。また、第2章で記しているが、実は日本企業はむしろB to Bの領域のほうが強く、そもそも**電子商取引の取引額自体もB to Bのほうが断然多い**。これが、本書において通底して問いかけ続けるテーマの1つである。

「三河屋モデル」で始めるBtoCのサブスクリプション

本書のテーマとは少し離れるが、BtoCのサブスクリプションを考えるにあたっては、「三河屋モデル」、つまり日本の伝統的な御用聞きがヒントになり得るかもしれない。

そもそも競争の激化するBtoC領域の市場でシェアを取り、その強力な立場を背景にサブスクリプションビジネスを展開する……このシナリオは言うは易く行うは難しで、かなり困難が伴うだろう。莫大なリソースも要求される。であれば、いまから自前のサブスクリプション構築を目指すのではなく、先行企業が築き上げてきたサブスクリプションのプラットフォームやエコシステムに〝乗っかる〟ことも現実的な解であろう。

しかし、それではあまり面白くない。とはいえ、いきなり壮大なアプローチをし、グローバル市場の不特定多数のユーザーを相手にする「蟷螂《とうろう》の斧」的な発想では通用しない可能性が高い。ここは、あえて視座を変えて、特定の地域やコミュニティなど、**自社の見通しがきく範囲内から始める**アプローチであれば勝算が見えてくるのではないか。参考にするモデルは、テレビアニメ「サザエさん」に出てくる三河屋の三郎さん、通称サブちゃんだ。

劇中の三河屋は主に酒類、味噌、醤油、酢など醸造された食品を扱う商店だが、サブちゃんは、磯野家の家族構成や台所事情など細かい情報まで知り尽くした上で、「そろそろ醤油が切れる頃かな」と推察し、絶妙なタイミングで御用聞きに回ってくる。サブちゃんという極めて属人的な努力と活動に依存してきたS（連続性）を、何らかの形でデジタルのタッチポイントに体現すれば、ビジネスチャンスをさらに広げていくことができるはずだ。特定地域を対象にして、介護食を月額固定のサブスクリプションで宅配している企業が、他の介護用品や日用品も同時に配送してクロスセルしている例などは、何かのヒントになるかもしれない。

顧客にも決定のトリガーがある

次に、「SMART」の2番目の要素である「M：Mutual（相互性）」について見ていこう。この相互性とは、事業者側と顧客側との双方向性を意味している。

くどいようだが、サブスクリプションの要件は「顧客との継続的な関係が担保されていること」だ。つまり、事業者と顧客を見た場合、片方向でなく双方向の対等な関係であり、これが売り切り型、プロダクトアウト型のビジネスとはそもそも異なる、サブスクリプションの1つの大きな特性だといえる。

例えばマス向けの家電販売などの場合、事業者が製造した家電はオフラインで、かつ一方的に顧客の購買現場まで、販社や代理店を介しながら運ばれていく。顧客がとれるアクションは購買現場での「買うか」「買わないか」という受動的な単一のアクションだけだ。しかも、顧客のその判断が往々にして量販店頭などで行われ、事業者は顧客のアクションをリアルにその場で知ることはできない。

しかし、サブスクリプションであれば、顧客側もプランを自由に変更したり、ときには止めたりすることも簡単だ。**顧客から能動的なアクションが発生することが前提**になっている。

つまり、サブスクリプションではプロダクトアウト型のビジネスと違い、事業者側から顧客側に向かって、売り込みを行ったり、サービスを届けたりする橋が架かっている一方で、顧客から事業者に向かっても、アップセルやクロスセルを申し込んだり、解約したりするための橋が架かっている**「双方向の」関係**なのである。考えようによっては、**サブスクリプションとは顧客中心のビジネス**である、ともいえるだろう。

この、サブスクリプションが持つ双方向性、特に顧客の自由意志によるアクションが可能であることを「Mutual（相互性）」という言葉で表現している。

ネットフリックスやスポティファイをはじめ、これまで挙げてきたインターネットを利用したサブスクリプションの例では、当然のことながらどれも顧客側がマイページを持

管理対象はこう変わる

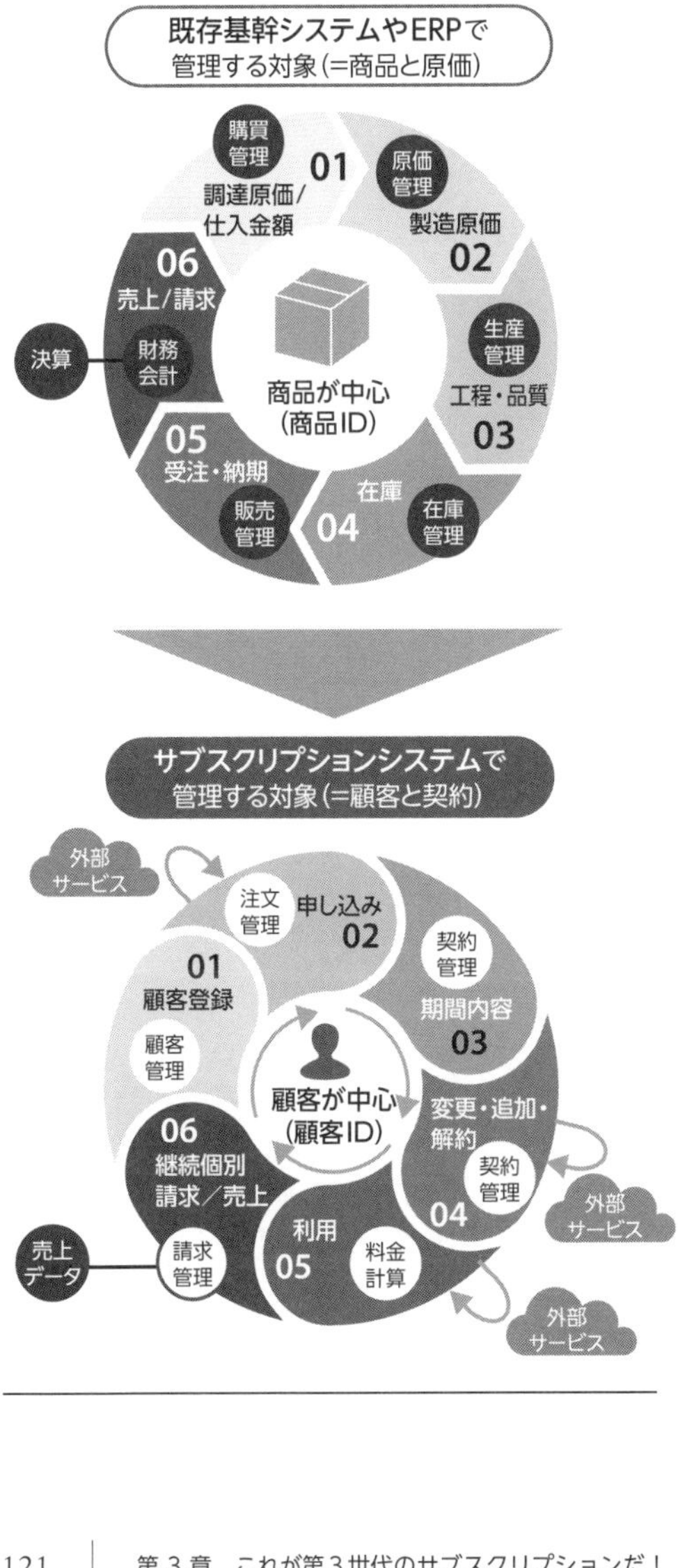

ち、契約変更や終了、クロスセルの申し込みなどもできる。**顧客側が決定権を有し、指示を発するトリガーを持っている**ことになる。

もちろん、事業者側から「次はこういうプランはどうですか」「こちらと組み合わせてみませんか」という提案もできるが、最終的に決めるのは顧客だ。トヨタのカーシェア「KINTO」においても同じく、最初に契約した車が少し小さ過ぎた、あるいはもっと上位の車に乗りたいという場合には、次の切替タイミングで例えばアルファードやプリウスなどに変更できる。この変更のトリガーを引くのはもちろん顧客側だ。

こうした相互性のあるビジネスの対極にあるのが、先に挙げたプロダクトアウト型のビジネスである。どんなに便利で機能的な製品であり、顧客が製品に満足していたとしても、メーカーが何らかのコミュニケーションの手段を用意しない限りは、メーカー側は顧客の意思決定、あるいは満足度、製品が顧客のもとでどのように使用されているかというデータを適宜取ることは難しい。何かトラブルが起きた際には、顧客から小売店やメーカーのサービスセンターのもとに連絡が行くかもしれないが、メーカーと顧客との関係は、製品が顧客のもとに届いたところで基本的には途切れてしまっている。

また、製品は、サブスクリプションのためのシステムではなく、メーカー側の既存基幹システムやＥＲＰ（Enterprise Resource Planning：経営の資源となる人・金・モノ・情報などの要素を適切に配分し有効活用する計画）で管理されることになる。こうしたシステムは常に商品中心で動く。材料の調達原価が決まり、工程が決まり、工場が動いて製品がプロダクトアウトされ、受注され、客の手元にデリバリーされていくサイクルだ。少し悪くいえば、デリバリーされた後は「知らぬ存ぜぬ」の仕組みである。

転じて、デジタル化されたタッチポイントを持たない旧来型のサブスクリプションも、プロダクトアウト型のビジネスほどではないにせよ、相互性が薄まる傾向にある。例えば、人を介して紙の契約を行った保険商品においては、顧客側から起こせるアクションは実態としては「解約」くらいのものだろうし、それにしてもわざわざ保険の販売員のアポを取るなりしないといけない。

こう考えると、**サブスクリプションにおけるＭ（相互性）の高低は、タッチポイントのデジタル化の度合いと、先のＳ（連続性）の高低に相関する**、という仮説が生まれる。

第1章の月額固定でコーヒー飲み放題のカフェの例も、この仮説を裏付ける。「3000円の月額固定で飲み放題」のサブスクリプション商品は、店頭という生身のタッチポイントを介して一度サービスが開始されてしまえば、やはり店頭を介してしかコミュニケーションの手段がなく、顧客としては、事業者から提供されるサービスを受動的に利用するだけというケースが多いだろう。

一方、タッチポイントがデジタル化されていれば、世界観が変わる。申し込みから契約内容の変更や追加、解約、利用料金のチェック、登録内容の変更まで、顧客側からのトリガーで駆動できる「つながり」の深まった仕組みになるからだ。

つながりの中で顧客自身がいま何をどのように使っているかの利用状況も把握できるため、その粒度を細かくしていったり、分析したりすることで、事業者側も顧客の一歩先を行くアクションを取りやすくなる。客先に足を運び、「新しい商品が出ました」としか提案できなかったビジネスが、**客の稼働状況をリアルタイムで詳細に見ながら、客から聞かれる前に興味がありそうな商品を勧めることも可能**だ。

要するに、「このようなアプリがあります」、「お客様にもこれをお使いいただけます」といった一歩先の提案ができるビジネスが実現できていく。これは先に記した、第3世代サブスクリプションにおいて、連続性（S）を高めLTVを最大化させていくための施策にほかならない。第3世代サブスクリプションではそもそもタッチポイントがデジタル化していることを前提にしているので見落としがちであるが、このM（相互性）はS（連続性）の前提であり、両輪となる特徴なのである。

個々の状況やニーズに合わせてパーソナライズする即応性

S-M-R連動の最後の要素が、「R：Responsive（即応性）」である。これはM（相互性）とやや近いが、顧客とサービス提供者との関係が同一製品・同一価格ではなく、個々にパーソナライズされた1対1の関係にあることを意味している。**利用者それぞれに異なるニーズを汲んで、提供する商品や価格そのものを個々に変更してしまうこと**、といってもよいだろう。

R（即応性）が低い例として、月額のセキュリティソフトを挙げよう。毎月定額で利用できるセキュリティソフトは、市場でも馴染みのある代表的な月額固定のサブスクリプション商品だ。コンピュータソフトであり中身もハイテクなものなので、イメージ的にはSMARTなサブスクリプション、第3世代サブスクリプションのように思えるが、あながちそうでもない。

例えばカスペルスキーの主力商品「カスペルスキーセキュリティ」であれば、誰が買っても中身はまったく同じだ。同じ申込サイトであれば、価格も均一に設定されている。利用料金が月額599円だとすれば、申込者の属性によらず同じ金額であり、なんら違いはない。

ただし、メーカー側はこのサブスクリプションを通じて、顧客がどのように利用しているかというデータを取ることはできる。さらに、顧客側がプランを止めることも自在なので、M（相互性）は有している。

だが、そのユーザーがどんな使い方をしようとも価格は均一で、製品も変化しない。だからR（即応性）は低いのである。

転じて、「Microsoft Azure」のようなクラウドコンピューティングサービスは、かなり高い即応性を有している。顧客がこうしたクラウドサービスを利用する場合、インターネット上の申込サイトをタッチポイントとしてIDを取得し、クレジットカードなどの支払い手段を登録することで、まずサブスクリプションの継続的な関係を結ぶ。その上で、顧客は自分の使いたいサーバーの構成を設定する。メモリやストレージなどの構成要素や個別の通信量などの利用状況をもとに、月ごとに料金が計算され、従量課金される仕組みだ。

この仕組みの上では、そもそも顧客ごとのサーバーの台数も、それぞれの構成も異なっているため、顧客ごとに「使っているものが違う」状況になっている。しかも、料金計算に用いられる要素も構成や利用状況ごとにトータルで数千あり、さらに直販か、経由した代理店がどこか、顧客属性は何かといった違いによって単価と料率が異なる。たとえサーバーの台数や構成が同じだとしても必ずしも同じ料金になるとは限らない。つまり、顧客の中で、他に誰一人として、同じものを同じ価格で使っているユーザーはいない、という状況なのである。

これはかなり極端な例だとしても、M（相互性）の特徴をうまく活用し、割引を付与する、あるいは特殊なサービスを別途提供するといったパーソナライズを進め、R（即応性）を高めることで、個々の使い方やニーズに応じた売り方が実現できれば、1対1の関係はより強まる。LTVの向上などS（連続性）にも寄与でき、顧客との継続的な関係も強固になる。これが、S-M-R連動の要諦である。

BtoBで最初から即応性を発揮している日本企業

このR（即応性）は、DtoC（Direct to Consumer）にも近しい概念だ。メーカーやブランドがECサイトを直営し、直接消費者とつながって、ファンを増やしながら販路を拡大するＤtoＣは、個々の顧客を知ることが大前提になっている。**顧客が何を求め、どんなサービスを期待しているのか**。微妙に異なるこうした違いに対応し、それぞれの客に一番適切だと思われるサービスを提供していくＤtoＣは、代理店などのセールスエコシステムを通して、消費者に同一の商品を一斉に販売する流通形態の対極にある。

サブスクリプションを活用して、ＤtoＣのように個々のニーズに対応できる即応性をメーカーが備えるようになればどうだろう。周辺にさまざまなビジネスが誕生するはずだ。例えば、ＩｏＴを活用して冷蔵庫でユーザーとつながったとしたら、いまユーザーのもとで何がなくなっているのか、どんな食品が切れそうなのかというデータをメーカーが集められるようになるだけでなく、それを補充するサービスのニーズも高まり、新たなビジネスが生まれるかもしれない。

日本のＢtoＢの世界では、そもそもこのＲ（即応性）をビジネスの中に構造的に備えているケースが多い。日本におけるＢtoＢでは、従来からこの即応性を自社もしくは販売代理店の営業マンが担当してきた。営業マンがきめ細かく顧客の要求をヒアリングして、その要求に応えるために顧客ごとに価格やサービスを柔軟に変更してきたのである。

例えば、同じ工業用ドリルを販売するにしても、顧客によって価格が異なるというのはよくあるケースだ。商習慣的にも、むしろそのほうが普通だろう。価格も異なるなら、営業マンが足を運ぶ回数も顧客によってまちまち。BtoBの取引では、高度にパーソナライズされたビジネスが日々繰り広げられている。

そもそも、こうした環境では営業マンをタッチポイントとして「顧客との継続的な関係」が構築されているのだから、最初から広義のサブスクリプションとして成立しているわけだ。さらにパーソナライズされたサービスが提供されているため、日本のBtoB企業の多くは、あらかじめ第3世代サブスクリプションのR（即応性）を備えているようなものである。

ただし、そのままでは決定的に欠けているものがある。それは顧客の近代的なタッチポイントだ。顧客に応じてサービスの中身を自在に変えながらも、いまだにBtoC向けのサブスクリプションビジネスでは当たり前のようにデジタル化されたタッチポイント――顧客が情報を見ることのできるマイページ、ストアフロントもなく、顧客IDすら管理していないため、メールでの同報案内も送れないという会社は珍しくない。加えて、営業マンがタッチポイントを担う旧世代のスタイルでは、顧客の要求を汲み取ることができるか否かはその担当者の力量に大きく左右されてしまう。

また、たとえ優秀な営業マンであっても顧客の本音を正しく把握できているとは限らない。つまり、仮に担当者がついていたとしても、顧客がメーカーや販売代理店とつながっている、ニーズを把握してもらっているという意識を持っているかどうかは不明瞭なのである。

ＳＭＡＲＴサブスクリプションの要素の１つがＭ（相互性）であることは説明した。Ｍを確保するためには顧客につながっているという意識を持たせることが重要であり、そのための初歩的ではあるが有用なツールが顧客ＩＤであり、マイページといったデジタル化されたタッチポイントだ。

日本企業の多くは第３世代サブスクリプションに欠かせない要素であるＲ（即応性）を備えているものの、旧態依然としたやり方だけで、顧客と十分につながっているとは言い難く、なかなかポテンシャルを活かしきれていないのではないだろうか。

だからこそチャンスである。２０１８年の日本の企業間電子商取引（ＢtoＢ－ＥＣ）の市場規模は約３４４兆円。ＥＣ化率（全商取引金額に対する電子商取引市場規模の割合）はまだ30・２％に過ぎない。サブスクリプションはもちろん、ＥＣ化に取り組んでいる企業のほうが少数派だ。

だが、ＳＭＡＲＴの第２の要素であるＭ（相互性）を取り入れ、すでに兼ね備えているＲ（即応性）を最大限に活かせば、ポテンシャルは膨らむ。第２章でも述べたように、日本にはＢtoＢで世界をリードしている製造業が多数存在し、その多くがモノ売りからコト売りへとビジネスモデルを変革しようとしている。固有の商習慣や慣習といった制約はあるが、そうした枠組みを残したままで第3世代サブスクリプションを実現することは不可能ではない。実は**日本の製造業は、第3世代サブスクリプションに非常に近い場所に立っている**のである。

新しい価値を提供するサブスクリプション

第3世代のサブスクリプションのもう片方のグループであるA-T連動「イノベーション指向サブスクリプション」は、一見わかりにくいかもしれないが、モノ売りがコト売りに変わり、これまでになかった新しい商品が生まれ、新しい価値が生まれる、という**ビジネスの変化や変革を導くもの**だと考えられる。第2章で取り上げたサブスクリプションにおける3つの「革新性のグループ」でも、いくつか例を挙げて述べた。

まず、「A：Alterative（変質性）」について再度、考察してみよう。

サブスクリプションは本来、さまざまな経済活動の形を包含できるビジネスだが、第1章でいくつか例に挙げたように、前々からある販売形態の料金設定を変えただけで、ビジネスの本質は以前となんら変わっていないという例はよくある。これが、A（変質性）のないサブスクリプションであり、革新性の第1グループに属する。

先ほどリカーリングビジネスのくだりで紹介したように、「インクジェットプリンタを買うと、毎月インクが届く」というサブスクリプションは、単に値札の付け替えをしているに過ぎない。花や化粧品を定期的に宅配するサブスクリプションもA（変質性）があるとはいえない。従来からある製品をそのまま、月額固定に値札を変えただけのモデルでしかないからだ。

モノを売ることから一歩踏み出し、コトを売ることへビジネスを転じ、新しい価値を提案しようとする、そうした「事業の変化の幅や奥行き」には乏しい。

「事業の変化の幅や奥行き」についていえば、やはり2章でも取り上げた自動車の例が一番わかりやすいだろう。自動車に乗るためには「購入」という選択肢しかなかった世界に、新たなオプションとしてレンタカーやオートリースが登場した。サブスクリプションによる革新性の第1グループとして、「借りる」という選択肢がそこに生まれたわけだ。簡単に車を乗り換えられるトヨタの愛車サブスクリプション「KINTO」のようなサービスも誕生している。

もっとも、レンタカーやオートリースは契約期間が固定されている。選択基準になっているのは、所有が得か、借りるのが得かという損得勘定＝経済合理性の算出と、それに基づく判断だ。新車を買うなら300万円だが、手持ちもないし、リースならば諸経費込みなのでトータルで320万円を支払っても仕方がない。そうした計算が先に立つ。

だが、カーシェアリングという、サブスクリプションによる革新性の第2グループでは、もうそうした損得勘定は働かなくなる。顧客を突き動かしているのは何か。「自動車1台を買えばこれだけかかるから、借りたほうがいい」という高いか安いかの計算を超えたところにある、「必要なときだけ『車に乗るコト』をしたい」という新たな価値観だ。

そもそもの価値観が違うので、購買や第1グループとの経済合理性を比較しても意味がない。そもそも新しいサービスモデルなので、むしろ、経済合理性を算出するための比較対象に乏しい、といったほうがよいだろう。「15分200円で近くのステーションの車に乗れるコト」は、リースの残価を設定し、残価設定リースで200万円払って思い切って車を買おうか、といった従来型の発想とそもそも根本的に異なる。**車を持つこと・買うこととはまったく異なる価値が、消費者の選択の決め手**になっている。

利用者が求めているのは車という「モノ」ではなく、「乗りたいときだけに乗る」、「必要なときに車に乗りたい」という「コト」。カーシェアリングは完全なコト売りであり、消費者に新しい価値を提供した。変質性（A）の高い第3世代サブスクリプションの典型である。

変質性は第3世代を見極める決め手の1つ

先に記したようにMaaSでは、さらに新しい概念、新しい価値が生み出されることになる。ICTを活用して交通をクラウド化し、公共交通か否か、またその運営主体にかかわらず、マイカー以外のすべての交通手段によるモビリティ（移動）を1つのサービスとして捉え、「移動」をシームレスにつなぐMaaSは、従来にない仕組みであり、まったく新しい価値提供だ。

MaaSのプラットフォームを提供しうるのは、もはや自動車メーカーだけではない。ITベンチャーも、鉄道会社も、大型小売業もプラットフォーマーになり得る。さらには国や町、自治体が参画し、消費者がワンストップで移動手段を検索し予約ができる時代が到来している。

すでに、フィンランドのヘルシンキでは、タクシー5キロメートルまでを含む公共交通機関やレンタル自転車、レンタカーが乗り放題で月額499ユーロという設定のMaaS、

「Whim Unlimited」がスタートした。現在は、ベルギーのアントワープ、イギリスのウェストミッドランズでも同様のサービスが開始されている。

自動車業界に起きているこの一連の動きは、「変化」ではなく「革命」といったほうが適切だ。このような変化は、自動車業界にだけ起こり得ることだろうか？　A（変質性）は、第3世代のサブスクリプションを見極める1つの決め手である。

日本企業の将来の狙いどころは変質性?!

重ねてになるが、このA（変質性）こそが、将来的には日本の企業の狙いどころだというのが本書の仮説である。

日本はいまも名目GDPの20％を製造業が占めている。長期的にはその割合が低下しているとはいえ、いまだに一定の割合を維持している。この数字は見逃せない。電機、建機、産機といった製造業はいまも昔も日本の基幹産業だ。

製造業の比率が依然として高いという事実が示しているのは、日本企業の伸びしろの大きさだ。いまはまだモノを売っているに過ぎないが、**それがコト売りに変質すれば、ビジ**

ネスが一気に「化け」、新たな収益の柱を作れる可能性が高い。

再度、自動車を例にとって考えてみよう。

自動車を買う人とカーシェアリングを利用する人は、顧客指向としては別枠に分類できる。カーシェアリングを選ぶ人は、自動車メーカーや車種、価格でサービスを決めているわけではない。

彼らの優先順位は「車に乗るコト」が一番で、「どこの車」「どんな車種」に乗れるかを上回っており、また、「買ったほうが得か借りたほうが得かという損得勘定」からも離れていると思われる。一定の恒久性をもって車というモノを手に入れるという目的・価値ではなく、一時的に車によって自分で移動するコトを手に入れる、という別の目的・別の価値に置き換わっているので、旧来的な商品とは経済合理性の優劣がつけられない。むしろ、商品と経済合理性の優劣で判断する顧客がそもそも誘引されていないと想定される。

つまり、自動車メーカーからすれば、モノ売りからコト売りに転じることで、これまで手付かずだった、あるいは手薄だった市場を開拓できることになるわけだ。

日本企業の中には、十分にモノを持っている企業が多いのではないだろうか。もし、そこにコト売りが加わったら？　事業の変質性（A）は、すなわち果実を手にできる未来への期待とも言い換えられないだろうか。一方で、このコト売りとサブスクリプションの親和性を考えた場合、モノの要不要は、購買行為をトリガーに一定の恒久性を持たせることができるのに対し、コトは要不要のタイミングによって少なからずＯＮ／ＯＦＦの仕組み（多くの場合は情報システム）が必要になってくる。適宜ＯＮ／ＯＦＦを行わせるのであれば、それはＳ（連続性）を高めるための施策となり、使った分だけの従量課金となるだろうし、常時ＯＮの状態に固定させてしまうなら、定額課金を指向することになるだろう。しかし、どちらにしても、Ｍ（相互性）の項目で詳説したように、「商品と原価をトリガーとする販売の仕組み」ではなく「顧客との契約をトリガーとする購買管理の仕組み」が必要となってくる。このことからも、コト売りの準備を進めることは、サブスクリプションを事業に取り入れていくこととほぼ同じ道筋であることが想定される。

ドイツ・ケーザーのＳＭＡＲＴサブスクリプション

ここで、ＳＭＡＲＴの最後の要素である「Ｔ：Transformable（転用性）」について解説したい。転用性とは、構築した仕組みや取得したデータをもとに、**より高度なモデルへの転換が可能な特性**を意味している。サブスクリプションで蓄積したデータや顧客ニーズ活用して、また別のビジネスに転用（トランスフォーム）できる可能性だ。

この転用性を備えたサブスクリプションの事例として、ドイツに本社を置くコンプレッサー専業メーカーのケーザー・コンプレッサー（以下ケーザー）の取組みを紹介したい。

同社は、半導体や食品、薬品などさまざまなメーカーに圧縮空気を届けるビジネスをなりわいとしている。売上高は約10億ユーロ、従業員数は約6000名。コンプレッサー業界の中では中堅どころの企業だ。

コンプレッサーは通常、購入者がメーカーから機器を購入して、自ら設置し、メンテナンスまでを行うのが一般的だが、ケーザーはこの慣習に風穴を開けた。機器の企画から設置、運用、保守、修理まですべてを手がける新しいサービス「シグマ・エア・ユーティリティ」を構築（A（変質性））したのだ。コンプレッサーの販売に加えて、圧縮空気の販売事業をスタートし、顧客に代わって機械を運用することで、供給した空気の容量に応じて課金するサブスクリプションである。

このサービスを利用すれば、顧客はもう設備や運用コストについてはいっさい考えなくていい。使った圧縮空気の分だけ支払うビジネスモデルだからだ。

ケーザーのこのビジネスモデルは顧客開拓に大きな効果を発揮（A（変質性））した。「シグマ・エア・ユーティリティ」の導入により、これまでコンプレッサーを購入してい

製造業サブスクリプション代表事例

ケーザー・コンプレッサーのシグマ・エア・ユーティリティ（圧縮空気販売事業）

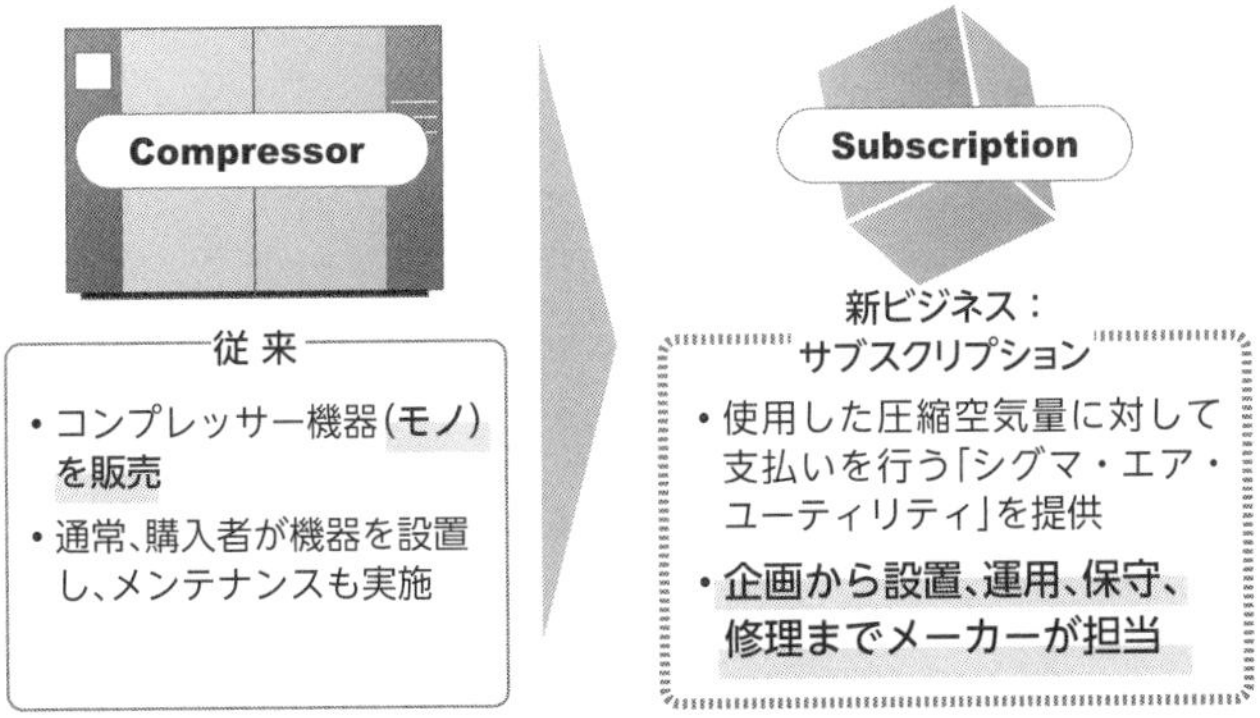

工業用圧縮空気コンプレッサー・メーカー。コンプレッサーの販売に加えて、圧縮空気の販売事業を開始。顧客に代わって機器を運用し、供給した空気の容量に応じて課金するシステムを導入することで、これまでコンプレッサーを購入していた大口顧客に加え、小口顧客の開拓に成功。

た大口の顧客に加えて、小口顧客の獲得に成功した。中小の企業には機器を自ら購入・設置し、メンテナンスまでを行う余裕がない。ケーザーのサブスクリプションは、そうした中規模以下の企業に新たなオプションを提供したのである。

ケーザーのサブスクリプションが顧客にもたらしたメリットは他にもある。圧縮空気の使用量に応じて支払金額が決まるため、使用料は固定費から変動費に変わった。景気変動にも対応しやすくなり、コンプレッサーのオペレーターを教育研修するコストまでもがなくなった。

トラブルが発生した場合には対処

しやすいというメリットもある。運用や保守を担当しているのは、自社ではなくケーザー。コンプレッサーの操作に長けたケーザーのスタッフに任せれば、自社の負担はなくなり、いざというときも安心だ。

当然ながら、「シグマ・エア・ユーティリティ」はケーザーにも多大なメリットをもたらした。顧客の圧縮空気の使用量に合わせて毎月安定した収益を上げることが可能になった（S（収益の連続性））上に、システム運用や保守、修理などの業務を通して、顧客の使用状況をきめ細かに把握できるようになった（M（相互性）＋R（即応性））。

これはとりも直さず、**顧客がいま抱えている問題をリアルタイムで探り（M（相互性）＋R（即応性））、その問題解決につながる適切なソリューションを先んじて提案できるようになった（R（即応性）＋T（事業の転用性））**ということだ。事実、ケーザーの顧客である家具メーカーのアメリカンレザーは、「シグマ・エア・ユーティリティ」サービスを活用することで電力コストを11・9万ドルから4・5万ドルに削減することに成功している。ケーザーがアメリカンレザーの製造業務や実態に合わせて最適な構成を提案し、制御を行った成果だ。

顧客のソリューション解決は顧客満足に直結する。ＬＴＶの向上に大きく寄与し、顧客との関係性を強めていく。これこそ第３世代サブスクリプションの力である。

段階を踏んでモノの販売からコトの販売へと転じた

このケーザーの事例は、Transformable（転用性）だけではなく、Sequential（連続性）もMutual（相互性）もAlterative（変質性）もResponsive（即応性）も、つまりはSMARTの5要素すべてを持ち合わせた好例だ。

「シグマ・エア・ユーティリティ」の導入で、**お金の流れも大きく変わった**。顧客が買い取りではなくリースを選択した場合、従来はリース会社が顧客に代わってモノの代金をケーザーに支払い、モノはケーザーから顧客のもとに届けられ、リース会社はリース契約にもとづきリース料を顧客から回収してきた。つまり顧客、メーカー（ケーザー）、リース会社の3者間での取引となる。別途、保守契約などを顧客と結ばない限り、ケーザーはモノを売り切ったまま、顧客とのタッチポイントを手放すことになっていた。

これが、「シグマ・エア・ユーティリティ」においては、あくまでも顧客とメーカー（ケーザー）との2者間の「圧縮空気供給サービス」契約になる。ただし、このままではケーザーはコンプレッサーを自社資産として抱えるためにバランスシートに負荷がかかる。

そこで資産をリース会社に保有してもらう形を取った。従来は、リース会社は客からリース料を取り、ケーザーにモノの代金を払って、ケーザーがモノを利用者のもとに届けていたが、新しいサブスクリプションモデルではお金のサイクルががらりと変化しているのだ。

ケーザーは顧客からサービス利用料を取り、顧客にサービスを提供する。リース会社は製品の代金をケーザーに支払い、ケーザーはリース料相当をリース会社に支払う。顧客に新しい価値を提案するために結んだパートナーシップだ。

この形により、顧客とリース会社との直接のやりとりはなくなった。客との接点を持つのはケーザーであり、顧客のデータを把握し、顧客に適切な提案ができる形になっている。

こうした画期的なビジネスモデルは、顧客になんら不満をもたらさない。サービスについても支払いについても窓口がケーザーだけになり、シンプルだ。顧客からすれば良いことだらけ。わかりやすく明快だ。

ケーザーのこの事例は、**見事なまでにT（転用性）を繰り返している**ことも強調しておきたい。最初は単なるコンプレッサーの販売だったが、そこから月額サービスを導入し、コンプレッサー機器販売に故障率の情報サービスを追加し、さらには個々の客の現状に応じたプライシングを設定している。原価を積み上げて、顧客に料金を請求する従来型の原

新しいサブスクリプションモデル概念図

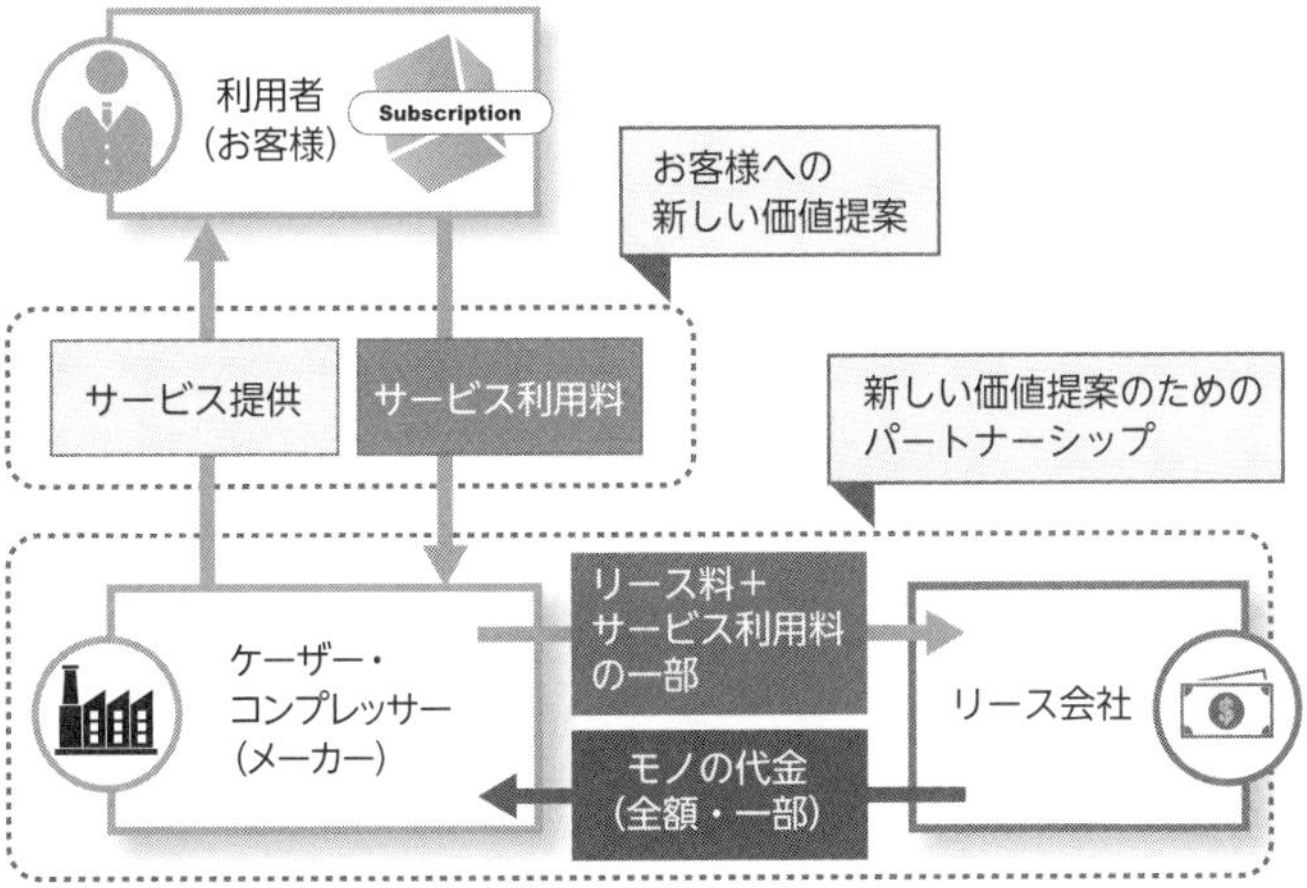

価発想から脱したのだ。

モノとサービスを月額で提供した後に打ち出したのが、使った分だけ圧縮空気を販売するという「シグマ・エア・ユーティリティ」だ。この段階で、モノの販売がコトの販売へと完全に転じ、同社のビジネスモデルは大きく変容した。

刮目《かつもく》すべきは、ケーザーが段階を踏んでモノの販売からコトの販売へと事業をシフトさせた点にある。使った分だけの圧縮空気を販売するサブスクリプションをゴールに設定しながらも、ケーザーは社内やパートナーとの関係を考慮して、サブスクリプションビジネスに慣れてもらうために、段階的にサブスクリプションを活用した事業を広げ、進化させて

サブスクリプションモデル検討ステップ

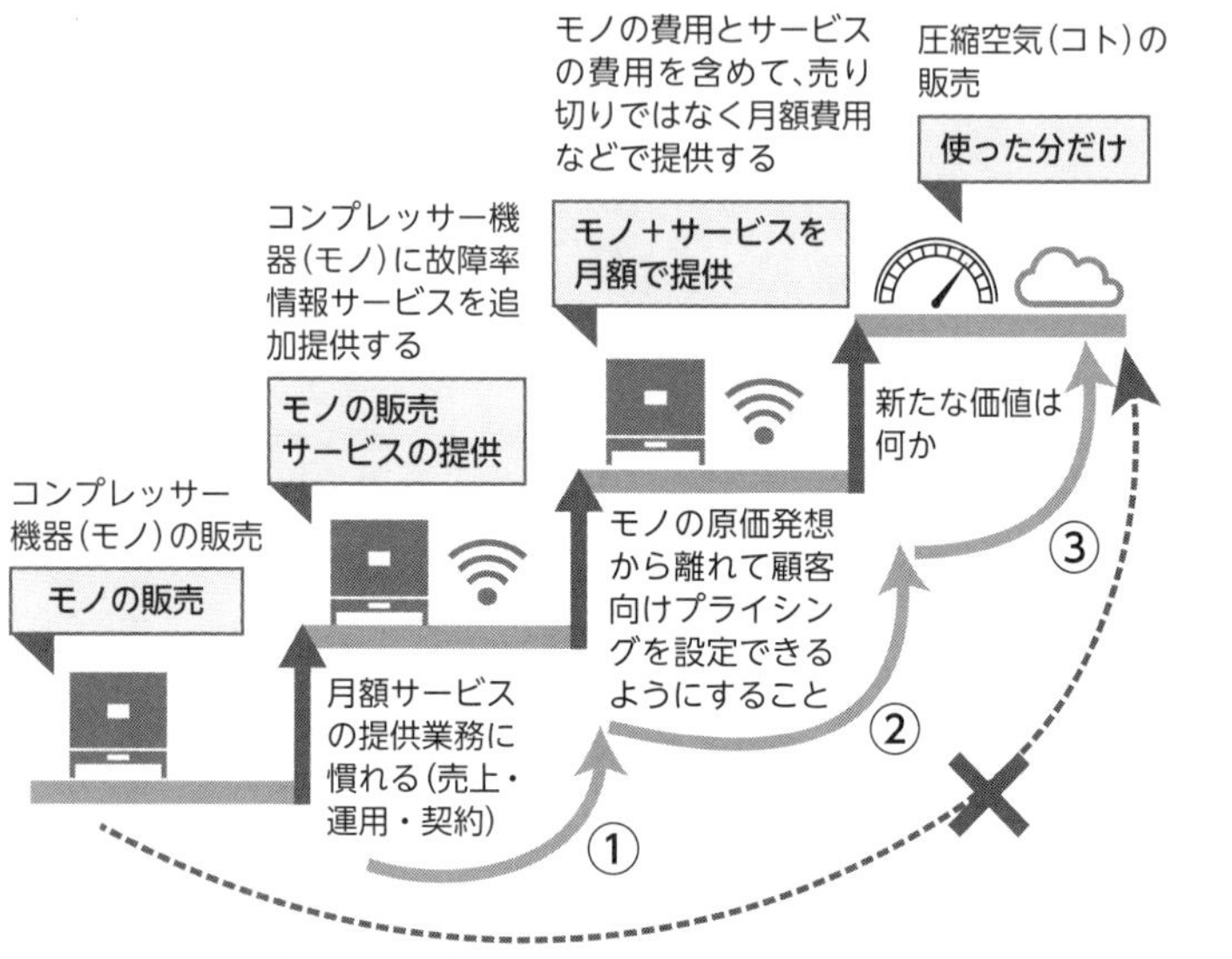

いった。

一足飛びのゴールを目指していたらどうだろう。おそらく多くの軋轢《あつれき》のみならず、市場やユーザーとのニーズの乖離も生んだに違いない。

だが、ケーザーはそうしなかった。時間をかけて、モノの販売にサービスを付加し、次いでモノとサービスを月額で提供するプランに転じ、顧客の問題解決にデータを活用した。

ビジネスにスピードは必要だが、現実を無視したスピードではゴールに到達できない。即効性を追い求めがちな日本企業にとっても大いに参考になる事例である。

第4章

GAFAコンプレックスは失敗の元

SMART Subscription

ＧＡＦＡ的なものへの苦手意識

サブスクリプションという言葉が一般化した２０１８年。この年、ＧＡＦＡという言葉も広く人口に膾炙《かいしゃ》した。１つのきっかけを作ったのが、ニューヨーク大学スターン経営大学院教授のスコット・ギャロウェイ氏の著書『the four GAFA 四騎士が創り変えた世界』（東洋経済新報社）である。

ＧＡＦＡについての説明はもう不要かもしれない。Google、Apple、Facebook、Amazon。４つのＩＴ企業の頭文字を取った総称だ。

米国に拠点を置くこれら4社は、既存のビジネスのルールを根本から変え、産業構造を塗り替え、私たちの生活を大きく変えるに至った。いわば、破壊的イノベーションの巨人たちである。ことインターネット産業とそれに率いられる現代社会は、いまや**ＧＡＦＡ以前と以後に分けられる**といっても決して大げさではない。

ＧＡＦＡに、MicrosoftのＭをプラスして、ＧＡＦＭＡという呼称もある。ほかにも、Netflixを加えたＦＡＡＮＧというくくり方も登場している。

いずれにしても、これらの企業がさまざまなサービスのプラットフォームとなり、ＩＴ業界にとどまらず、世界を席巻し変革をもたらしていることは間違いない。

サブスクリプションビジネスにおいても、話題の主の多くは、常にこうした巨大ＩＴ企業だ。第1章でも触れたように、メディアにはネットフリックス、アマゾンといった「ＧＡＦＡ的な企業がサブスクリプションの世界で覇権を握っている」という記事が氾濫している。まるで、ＧＡＦＡ的でなければサブスクリプションにあらずといったトーンだ。

しかし、本当にそうだろうか。

ＧＡＦＡに代表されるような巨大ＩＴ企業群は、確かに圧倒的な力を発揮している。破壊的イノベーションによって、さまざまな産業構造をスクラップアンドビルドし、業界地図を塗り替えていることも間違いない。

しかし、だからといって、ありとあらゆる企業とビジネスパーソンがそこに敗北意識や苦手意識を持ったり、劣等感を感じたりする必要があるだろうか。ＧＡＦＡや海外の新興企業に対するコンプレックスは日本企業、および日本人の「病」や「習性」のようなものかもしれないが、そろそろそこから脱するときではないだろうか。

サブスクリプションを活用してビジネスを変革することに着手したいと考えるときには、まずは不要なコンプレックスから自らを解き放ち、自社の強みや持ち味、得意分野を自覚し、弱みや欠けている点についても冷静に分析することが必要だ。それがスタート地点となる。**ＧＡＦＡ的企業やＧＡＦＡ的要素に対する苦手意識やコンプレックスは百害あって一利なし**である。

日本企業の国際競争力が落ちているのは本当か

日本のビジネスパーソンがＧＡＦＡ的なものにどうしても苦手意識を抱いてしまうのは、なぜなのだろう。英語コンプレックスも一因として考えられそうだが、大きな理由の１つに「グローバル化に後れを取っている」と**自らを過小評価していることに起因**しているように見える。

新聞、雑誌を読み、書店に出かけ、ネットニュースに目を通せば、否が応でも「グローバル化が進まない日本企業」、「グローバル人材の育成が課題」、「日本企業のグローバル化は周回遅れ」といった見出しやタイトルが目に飛び込んでくる。こうした記事が氾濫している現状を考えると、苦手意識を持つ人が増えるのは当然かもしれない。

確かに、スイスのビジネススクールＩＭＤが毎年発表している「世界競争力ランキング」で日本の地位は低下を続けている。２０１９年版では日本の総合順位は前年から５つ下がり、30位だった。ちなみに1位はシンガポール、2位は香港、3位は米国。発展著しい中国は14位。お隣の韓国も、日本より上位の28位にランクインした。

日本は過去、１９８９年から4年連続で世界1位の栄冠に輝いていたが、それからは順位を落とし続ける一方だ。理由は、ビジネスの効率性の低さや政府債務の多さ。起業家精神、国際経験、企業の意思決定の機敏性、ビッグデータの活用や分析においても評価は低い。

この数字だけを見ると、日本の未来は暗いと思わざるを得ないが、実はこの調査にはからくりがある。からくりというと大げさだが、順位付けには統計データだけではなく、「日本の経営者へのアンケート調査」も用いられているのだ。

それぞれの国の経営層へのアンケート調査がどの程度、スコアリングに反映されているかは明らかにされてはいないが、日本企業が「低い」、「劣る」とされている項目は、必ずしも実際の競争力を反映したものではなく、アンケートに回答した日本の経営者がそう感じている要素とも考えられる。

政府債務の多さについては企業単独では如何ともしがたい。だが、ビジネスの効率性、起業家精神、国際経験、企業の意思決定の機敏性、ビッグデータの活用や分析といった順位が低い項目に関しては、経営者の危機感が反映された結果とも考えられる。

概して日本人は物事をネガティブに捉えがちだ。弱みや欠点を必要以上に意識し、「いまのままではいけない」、「もっともっと良くしなければ」と考える傾向が強い。

しかし、過剰なまでのコンプレックスはビジネスにとってはマイナスだ。GAFA的企業の躍進や圧倒的な変革力を評価するのはいいが、その力に目を奪われるあまり、自分たちの強みを見失ってしまっては本末転倒。グローバル化が遅れているというニュースや統計は、少し引いた立場から客観的に見る程度でちょうどいい。

なぜなら、**多くの日本企業はすでに十分にグローバル化している**からだ。

世界で覇権を握っている日本企業

「日本企業はもう十分にグローバル化している」と書くと、否定的な反応が返ってくるかもしれない。

だが、事実を紐解いて、現実をまっすぐに見つめてみよう。JETROが実施した「2017年度日本企業の海外事業展開に関するアンケート調査」によれば、海外拠点がある企業の比率は47％。また、海外ビジネス（輸出、輸入、海外進出）を行っていると答えた企業のうち、「1999年以前」に始めたと回答した企業がもっとも多く、約半数（48・6％）を占めていた。

海外ビジネス（輸出、海外進出に限る）による経営への影響に関する質問では、「売上高」において「かなり向上／増加した」および「向上／増加した」と回答した企業の比率は全体の65・2％におよんでいる。売上高への好影響を指摘した企業の比率は企業規模を問わず最多。企業規模別に見ると、大企業は75・7％、中小企業は62・4％。いずれにしても高い比率である。

海外事業への意欲も高い。今後（3年程度）の海外進出方針について、「拡大を図る」と答えた企業の割合は57・1％と過半数を占めている。以上のような数字をベースに考えると、日本企業はすでに海外市場で並みいる競合相手と伍して戦っているといえるのではないか。

日本企業がグローバル化していることを示す明らかなエビデンスはほかにもある。第2章でも少し触れたが、日本には世界トップシェア、あるいは上位のシェアを確保している企業がうなるほどある。

例えば、第6章に登場するコニカミノルタは国内の複写機の市場では4番手に過ぎないが、A3カラー複合機では世界40カ国で、カラーデジタル印刷機でも世界40カ国でトップクラスのシェアを持っている。液晶テレビ用のVA-TACフィルムのシェアも世界トップクラス。当然ながら海外の売上比率は高い。国別の売上比率を見ると、日本は19%なのに対して、ヨーロッパが32%、米国が26%、アジア他が23%。堂々たるグローバルカンパニーという表現がふさわしい。

ほかにも、知る人ぞ知るトップシェアメーカーは非常に多く、ベアリングのミネベアミツミ、LEDの日亜化学工業、フィルム・包装材の日東電工といった世界シェア1位の会社も数多くある。一般消費者向けの商材ではないため、世間的な知名度は低いながらも、海外に進出し現地の市場を押さえ、海外事業を飛躍的に拡張している企業は枚挙にいとまがない。

私たちの関心はどうしても自分たちの生活に直結する、あるいは直接企業名やロゴを目にする企業に向かいがちだが、日本は工業製品や建設機器、化学、金属、食品、医療の領域で世界的大企業を数多く輩出している。コニカミノルタのように、海外での知名度のほうが日本よりもずっと高いという企業も多いのだ。

生産性や効率、意思決定のスピードなど日本企業に改善すべき点が多いのは確かだが、すでにグローバル化している事実がそこにあり、実績も成果も上げている点はしっかりと自覚し評価したほうがいい。

海外に打って出て、現地に根付き、製品販売に成功しているのなら、もう十分にグローバル化した企業だ。すでに世界中で堂々たる実績や評価を獲得しているのに、はたして、GAFA的なものにそこまで一方的にコンプレックスを持つ必要があるのだろうか。

コンテンツ産業で勝ったことがあるのか

そうはいっても、GAFA的な企業の圧倒的な事業展開スピードとその強烈な影響力を前にして、苦手意識をなかなか拭いきれない、というのが正直なところだろう。事実、コンテンツ産業に関しては海外勢の後塵を拝するばかりだったのだから、頑固にこびりついたコンプレックスから抜け出せないのも当然といえば当然かもしれない。

だが、ここでちょっと振り返ってみたい。世界を舞台にして、かつて日本がコンテンツで勝ったことがあっただろうか。

完全にNOではないものの、なかなか残念な歴史といえるだろう。コンテンツ産業でも存在感を放つ成功例は確かにある。「クールジャパン」的なアニメーションやマンガ、ゲームなどがまさにそうだ。だが、これらはどちらかといえば職人芸や伝統芸に近く、そういったジャンルにはわが国は強みを発揮するのかもしれないが、これらの成功はむしろ例外だと考えたほうがいいだろう。

というのも、映画・音楽・ソフトウェア・ネットサービスといった市場規模のより大きいコンテンツ産業において、海外勢と戦った成果は芳しくないからだ。白黒テレビの昔からネット配信の現在に至るまで、世界市場における日本の存在感は薄い。残念ながらこれが日本の現実だろう。

ソフトウェアを例に考えてみたい。一時期、国内で高いシェアを持っていた「一太郎」はマイクロソフトの「Word」にその座を奪われ、世界に打って出るまでもなく、いまや国内でももう市場の主流とはいいづらい。

パソコンのOSでも日本は敗北を喫した。というより、CP／MやOS－9に始まり、マイクロソフトのMS－DOSの頃から国産OSの存在感はなかったわけだが、いまやいうまでもなく「Windows」の天下だ。現在、販売されているパソコンのOSはMacと一部のUnix系を除けば、ほぼ「Windows」。パソコンOSのシェア9割に迫る「Windows」は、いまやパソコンと同義なほど、プリインストールOSとして当たり前の存在である。

パソコン創世記に名を馳せた国産ワープロソフトの「一太郎」や「松」、表計算ソフトの「三四郎」、データベースソフトの「桐」も、「Microsoft Office」に駆逐された。パソコンのハードウェアは作るものの、唯々諾々と舶来ＯＳと舶来オフィスソフトが載せられるだけだ。利ざやが高いソフトウェアの分野で国産ソフトのほとんどは海外勢に追いやられてしまった。

スマートフォンのＯＳも同様だ。こうした負け戦を経てきたために、日本企業は強烈な海外コンプレックスを植えつけられたのではないだろうか。そのトラウマは大きく、なんともいえない厭世観さえあるように感じられる。

しかし実は、**ＩｏＴ分野でのＯＳのトップシェアは、１９８４年から開発されてきた国産ＯＳ「TRON」**であったりする。自動車やデジカメ、探査機「はやぶさ２」などでも使われ、シェアは堂々の60％を確保している。昨年はＩＥＥＥ（米国電気電子学会）の世界標準規格として、TRONをベースに設計された組み込み向けリアルタイムＯＳ「μT-Kernel 2.0」が採用された。

この事実をどれだけの人が知り、誇りに思っているだろうか。実態もさることながら、過去の苦い思い出がＧＡＦＡ的なものに対するコンプレックスをさらに助長しているようにも感じられる。

ハードの価値も厳然と存在する

別の見方をすれば、シェア90％の「Windows」は市場を独占しているがゆえにコモディティ化しており、それ自体はパソコンの差別化要因になっていないとも考えられる。

この視点から見ると、消費者がパソコンをＯＳではなくハードウェアで選択している姿が浮かび上がってくる。私たちは、マイクロソフトのＯＳが入っているという前提で、「デルにしよう」とか「ＨＰがいい」「やはりパナソニックがいい」といった具合に、ハードウェアの質や値段、好みで、モノを選択するようになってきてはいないだろうか。

初代「Windows」が生まれて約35年たち、時代がひと回りもふた回りもしているが、パソコン販売において、ハードウェアや保守の価値は相対的に見ると、決して低下はしていない。失ったものを嘆くことは、得られたものからも目をそらすことと同義ではない。日本の企業群がコンテンツ産業やソフトウェア産業を伝統的に苦手としていることに対して、むやみやたらと卑下する必要はないはずだ。

とはいえ、ＯＳというプラットフォームを持つことで得られる顧客とのつながりの強さや、サブスクリプションビジネスの土台としての強力なアドバンテージは強調しておきたい。マイクロソフトにはマイクロソフトアカウントがあり、グーグルにはグーグルアカウント、アップルにはアップルＩＤがある。これらはパソコンやスマートフォンの「操作そのもの」であるＯＳと顧客のタッチポイントを一体化する「強制タッチポイント化」ともいえる仕組みを構築し、パソコンやスマートフォンを乗り換えても顧客との「つながり」（エンゲージメント）を維持できるようにした上に、ユーザーの利便性も確保しているのだ。買い換えることでエンゲージメントの切れやすいハードウェアメーカーとは、比べものにならないほど仕組みが進んでいるといえる。

一方、ハードウェアとしてのパソコンやスマートフォン事業では、「ＯＳが乗っ取られてしまっている」状況にあるので、工夫してタッチポイントを作り出す必要がある。各社とも直販サイトに力を入れ、販売時にタッチポイントを構築しようとしたり、サポートのためにユーザー登録とＩＤの発行を強制しようとしたりしているが、ＯＳの「強制タッチポイント化」とは破壊力が段違いだ。

だからといって、競合メーカーがタッチポイントの設置を図っているのに、自社だけはタッチポイントを作らないというわけにはいかない。**タッチポイント作りはやはり必要不可欠**だろう。

得意領域に目を向けよう

話を戻そう。

人には誰しも得手不得手があるように、企業にも、そして企業文化や商習慣の収斂《しゅうれん》としての国にも得意分野とそうでない分野がある。これは当然のことである。

この際、アニメーションやマンガ、ゲームのほうが例外で、日本はコンテンツ産業はどうも苦手らしい、と割り切ったほうがすっきりするのではないだろうか。正直なところ、どんなに国家的な施策があったとしても、日本からGAFAのような企業は生まれないだろうと感じている人は多いかもしれない。

もちろん誰しも、そうした企業が日本にも台頭することを待ち望んでいるが、それはもう「当たったらデカい万馬券」と同じである。GAFAすら凌駕するスーパーカンパニーの出現を期待しながらも、足元としては、潔く不得手なものは不得手とし、得意分野を活かした戦略を考えていくほうが建設的であり、実りも大きいはずだ。

コンプレックスにとらわれるよりも、自分たちのアドバンテージに目を向けたい。コンピュータやスマートフォンのOS、あるいは総体としてのネットサービス、ソフトウェア産業においては海外勢の後塵を拝することが多いが、ハードウェアではどうだろうか。

中枢部分のCPU関連では、日米両国の政治的な思惑がからむため、なかなか日本企業も容易に手出しできにくく、また、日米半導体協定で主記憶装置（メモリ）は衰退してしまった苦い思い出もある。だが、実のところ、その隣接分野も含めれば、日本企業はかなりの存在感を発揮しているのだ。日本企業なしではあらゆる情報機器が作れず、産業自体が立ちいかなくなるといっても過言ではない。

例えばCCD／CMOSイメージセンサでは、日本のメーカーはナンバーワンのシェアを持っている。また、半導体製造装置や製造工程に用いる素材・化学薬品は日本企業の独壇場で、ある面では半導体産業を支配しているといえる。

意外なところでインクジェットプリンタも、HP、キヤノン、エプソンが市場をほぼ独占している。このうちHPを除けばどちらも日本のメーカーだ（ちなみにHPのプリンタの一部は実は日本の企業がOEM生産をしている）。

また、先のコニカミノルタでも例に挙げたとおり、感光ドラムとトナーを用いた印刷機器、具体的にはレーザープリンタや複写機、レーザー複合機（MFP）では日本が市場を独占している。特に複写機・複合機は、リコー、キヤノン、米ゼロックス＝富士ゼロッククス、コニカミノルタ、京セラで実に8割の世界シェアを誇る。これは、トナーの技術を日本が持ち、特許が切れたいまでもトナーを安定させる技術的なハードルが高いためとされている。他の分野ではあれだけ伸張著しい韓国や台湾、中国のメーカーをこれらの市場で見ることがないことからも、日本企業の優位性が見てとれるだろう。

他にも産業用ロボットや工作機械、建設機械をはじめ、世界市場で欠かせざる活躍をする日本企業は枚挙にいとまがない。これだけ強い領域がたくさんあるのだから、**自分たちの得意分野で生きる、得意技術を活かすといった方向に歩を進めていく戦略**を、多くの日本企業はファーストチョイスとすべきではないだろうか。自社が拠って立つ既存の商習慣や産業構造に対して破壊的な挑戦を行うイノベーションをあえて指向し、米国を中心とする新興のＩＴ企業と同じ土俵に上がろうとするのは、いささか蛮勇が過ぎるように感じられてならない。

もっとも、多くの日本企業に現在アドバンテージがあるからといって、座してこのまま将来も安泰であるという保証はどこにもない。テクノロジーは発展し、顧客のリテラシーは高まり、市場は変質していく。同業他社が対応した施策を練ってくるかもしれないし、破壊的イノベーションを指向するゲームチェンジャーがテリトリーに侵入してくる可能性もある。

生き残るために変化に適応し、進化することで輝き続ける。そのための1つの強力な武器として、サブスクリプションは多くの日本企業の手助けになることだろう。

サブスクリプションは企業にとって、約束された「勝利の剣」たり得るか

この章の最後に、GAFAに代表される、破壊的イノベーション指向の企業を日本企業はどう捉えるべきかについて確認しておきたい。

GAFAは一般消費者向け(B to C)の市場では、吹き荒れる嵐であり、いまや君臨する王といっても差し支えない。GAFAの4社に共通するのは、いずれもプラットフォーム企業である点だ。商品やサービス、情報を提供する基盤となるGAFAのプラットフォームを世界中の多くのユーザーが利用している。

ここで重要なのは、ユーザーは単に4社のサービスを利用しているのではなく、名前(社名)や住所、「何を購入したか」、「何に興味を持っているか」などのユーザー情報を4社に提供している点である。こうしたユーザー情報は、文字だけでなく、音声や写真、動画をはじめ、利用状況や通信記録などのログも含めて、ビッグデータと呼ばれる大量の情

報の集積であり、4社はこれらビッグデータを分析し活用している。GAFAのサービスがユーザーの生活を便利に豊かに変えたことは間違いない。しかし、その反面、情報を独占していることは世界各国の懸念材料となっている。

おそらく、BtoCの市場、特にインターネットを主戦場とする市場では、GAFAとユーザーとの強固な結びつき（エンゲージメント）の土台を崩すことは容易ではないだろう。だが、必ずしもGAFA的なものに与《くみ》する必要のない市場、特にBtoBの市場では、GAFAの動きはヒントにこそなれ、いまだその脅威からは距離がおかれているのではないだろうか。むしろ、こういったゲームチェンジャーが入り込みづらい安全な領域も多くあるに違いない。

GAFAとの距離がある間に、日本企業も顧客としっかりつながっていく必要がある。どのような産業であっても、今後、企業と顧客の結びつき、特に**インターネットを介した結びつきの必要性は増す**一方だろう。それは先に述べた事業面でのメリットだけでなく、結びつきが構築されていること自体が脅威からの防衛にもっとも有効な手段だからだ。これは、第2章で考察した、革新性による3つのサブスクリプションのグループとは関係ない。たとえゲームチェンジャーが侵入してこない領域であっても、地力の強化と既存環境での競争に優位に働く。

本書では一貫して、サブスクリプションの本質とは「顧客と継続的な関係を担保していること」であると語ってきた。では、顧客との関係が担保され、それが強化されることがプラスに働かない事業など存在するだろうか。つまり必ずや、サブスクリプションはあらゆる企業にとって、約束された「勝利の剣」たり得るのである。

幸いにもＩｏＴの爆発的な普及など、先に述べた多くの産業構造の変化によって、製品を通じて企業と顧客とが双方向につながることができるテクノロジーや機運が急速に整ってきている。後はこれらをサブスクリプションによって「関係を担保」＝「契約上のつながり」を確保すればいい。

厳しい戦いになるかもしれないが、混戦に混戦をきわめながら巨人ＧＡＦＡが蹂躙を始めているＢtoＣの戦場と少し離れた領域であれば、まだ準備できる余裕がある。その中で、剣を研ぎ、矢を満たす企業も次々と現れてきている。

三菱電機の「e-F@ctory」、板金加工機トップシェアのアマダの「V-factory」はその好例だ。前者の「e-F@ctory」は、工場内のさまざまな機械・機器をインターネットでつなぎ、各情報をリアルタイムに収集・分析・診断して、サプライチェーンの改善や効率化を図る仕組みであり、パートナー企業との連携を進めている。後者の「V-factory」はＩｏＴを活用して、工作機械の稼働状況の見える化や遠隔サポート、板金加工を含む生産現場の製造支援を目指すものだ。

機は熟した。日本企業がサブスクリプションに着手する環境はすでに整い始めている。

第5章では、この議論をさらに深掘りしていこう。

第5章

日本企業にこそチャンスがある

SMART Subscription

サブスクリプションによって日本企業は大きく変化する

本書ではこれまで、①サブスクリプションの語義と守備範囲は非常に広いこと、②サブスクリプション自体が本質を維持しながらも時代に合わせて進化してきたこと、③サブスクリプションによってビジネスモデルの変質が可能であること、④サブスクリプションを取り巻く状況や周辺環境が現在、急速に変化していること、⑤日本企業は十分に独自の強みを有しており、GAFA的なものへの盲目的な追従はその強さが破壊されるリスクがあるため、日本企業にあったサブスクリプションの形を指向すべきであること、を述べてきた。

いよいよ本章では、ここまでの「サブスクリプションとは何か」についての考察を踏まえ、「日本企業はサブスクリプションをどう活用するべきか」へと踏み込んでいこう。

まず、ここでいう「日本企業」のイメージはどのようなものだろうか。第4章で述べたように、一般消費者（コンスーマー）向け産業、なかでも情報産業やコンテンツ産業は、GAFA的な破壊的イノベーションと親和性が高く、ゆえにそれらとの競争が本質的に避けられない。ここで扱うのはそうした企業ではなく、ともすれば旧来的なイメージの強い企業ということになるだろう。

第2章でも触れた電機、自動車・自動車部品、重工・重電、産業用ロボット、工作機械、建設機械、化学、素材、一般消費財……当然のことながらこれらの企業を支えるエコシステムの中には、部品製造、素材、加工、流通といった周辺産業にまつわる企業も含まれるため、対象の企業は膨大な数に膨れ上がる。

こうして見ると、**「モノづくりニッポン」の伝統はまだまだ健在で、それぞれの分野、特にBtoBで世界をリードしている企業がいかに多いか**がよくわかる。これらはみな、ともすればマスコミに揶揄される「伝統的な日本企業」であり、独自の強みを有してはいながらも、ときに過剰にGAFA的な脅威に反応しがちなところも見受けられる。

本章では、これらBtoBの、その中でも特に製造業を中心とした、わが国のみならず世界を支える企業群を、愛を込めて、サブスクリプションによって大きく変化し飛躍すべき「日本企業」として捉えていきたい。

サブスクリプションは、単なる課金の仕組みではない

さていま、こうした日本企業、とりわけBtoB製品（生産財）を取り扱う企業の経営者は、大きな悩みに直面しているのではないだろうか。「良いものを作れば売れる」、この確信こそが日本の製造業を支えてきたといっても過言ではない。そして、研究開発に多くの経営資源を投下し、常に新しい機能を搭載した生産設備機器を発表し続けてきた。高度成長期にはそれを顧客もメーカーに求めてきた。とにかく作れば売れる時代だったため、顧客が生産能力を高めるためにより高性能な生産設備機器を欲し、このニーズに応えることで日本企業は成長してきた。

しかし、高度成長期ははるか昔に過ぎ去ったにもかかわらず、「良いものを作れば売れる」という信念を捨て去ることができずにいた結果からか、日本の製造業は「せっかく良い製品を作ったのに、それが理解されず売れなくなってしまった」と嘆く例が多く見受けられるようになったのである。これを、性能や品質は優れているがマーケティングを間違えた、と捉える向きもあるが、はたして本当にそれだけだろうか。

高度成長が終わり、「作れば売れる」時代が過ぎ去ると、顧客側はある一定の機能を有していることを前提として、次にコストに重きを置くようになった。顧客はメーカー側が開発した新機能や品質と同じかそれ以上に、価格を選定条件として重視してゆく。その結果、常に競合先との価格競争に晒され、利益率の低下を招いていく。市場や、投入される製品・機能が成熟し飽和していけばいくほど、当然ながらこの傾向は高まっていく。特に日本国内と他の先進国市場が壮年期の終わりを迎えているとの論調とともに、この局面は経済誌などで多く取り上げられている。

いま、日本の製造業の経営者はこの局面を打破するための1つの武器とすべく、「モノ売り」から「コト売り」にビジネスモデルを変革させようとしている。そして「コト売り」にはサブスクリプションの機能が有効だとされている。

だが、「コト売り」やサブスクリプションを、**モノを使った時間や量に応じた対価を得る、単なる課金の仕組みと捉えただけでは、可能性の一部しか見ていないことになる**のではないだろうか。確かに使った分だけの支払いですむのなら顧客側は不必要な設備投資を抑制できるためメリットはあるが、メーカー側にとって機器代金の回収はどこにも担保されていない。

つまり、これだけを切り取ってしまうと、メーカーと顧客の間での経済的な合理性はバランスしていない。メーカーは、顧客に「コト売り」を継続して利用し続けてもらうことで初めてビジネスとして成立する。モノを単に時間なり量なりでスライスして従量課金とすることは、「コト売り」のサブスクリプションではなく、むしろこれまでのレンタルやリースに近いものになってしまう。それであれば、期間などの縛りを付けやすい、レンタルやリースで十分なはずだ。

では、第2章でも説いた「革新性で分けた3つのサブスクリプション」の第1グループではなく、革新性の第2グループのモデル、**「コト売り」のサブスクリプションが成立するために必要なものは何だろう**か。

昔からセールスマンの心得としてよく喧伝されたフレーズに、**「顧客が欲しいのは『ドリル』ではなく、『穴』である」**というものがある。テクノロジーが発達し、ＩｏＴや多彩な通信手段や情報端末が当たり前となったいまこそ、この発想に立ち返りたい。そのとき、メーカーのビジネスモデルは大きく変化していく。

例えば、すでに日本の製造業の多くの製品には、製品出荷の時点でＩｏＴの接続環境が整備されている。もしくは簡易なデバイスを後付けすることで接続できるといわれている。ただし、日本の製造業がせっかく顧客とつながっているにもかかわらず、これをマネタイズできずにいるのは、**顧客にソリューションを明示できていない**からではないだろうか。

「良いものを作れば売れる」時代が終焉しているとするならば、いまこそメーカーは、「良いもの＝品質、機能」（もちろんある一定の品質や機能は当然備わっているものとして）に替わって、顧客に訴求できることは何なのかを考えなければならない。

BtoBの領域では、顧客も企業活動を行う上での経営課題や環境変化に直面している。労働力の確保ができずに「省人化」や「自動化」が喫緊の課題となっている企業もあれば、環境対策のために「再生可能エネルギー使用率の向上」が経営課題となっている企業もあるだろう。「とにかくコスト削減」を一番の経営課題に挙げる企業も相当数いるはずだ。

こうしたニーズに対して、自社の製品を介して顧客のデータを収集し、どのようなソリューションが提供できるかが、いまメーカーに問われているのである。例えば、製品の稼働データを分析して顧客の生産工程の改善点を指摘し、あるいは故障予知を行って稼働率の向上を図る事例はすでに先駆的な企業によって実現され、このソリューションに価値を見いだす顧客から大きな支持を得ている。

顧客が本来行いたい「コト」を、モノを中心に**複数のサービスや他の製品を組み合わせてパッケージにすることで「ソリューション化する」**。つまり、売るモノが「ドリル」でなく「穴を開ける」というコトになったときに初めて、単にモノを時間なり量なりでスライスして従量課金するだけ、単なる値札替えの革新性の第1グループ（第2章）のサブスクリプションは、コト売りによってもたらされる新たなソリューションとしてのサブスクリプション＝コト売りに転換した革新性の第2グループのサブスクリプションに姿を変えるのである。このソリューション＝「コト」は、これまでの「モノ」との相関的な価値比較が難しい。単純なモノ売りからシフトする際に、線形的な経済合理性の予測から離れ、新たなビジネスを創出できる可能性を秘めているからだ。

サブスクリプションによるビジネスの革新性については、第2章でも論じた。その例として「モノ売り」を「コト売り」に転じた革新性の第2グループの例であるカーシェアリングは、自動車というモノをどう所有するか、あるいは時間や量をスライスして利用するか、という段階を超えて、保険・ガソリン・駐車場代・車両代・登記・管理といった複数のサービスや他の製品と組み合わされたパッケージであり、「ある一定期間、自動車によって自分で移動できる」というコトへと昇華されている。ゆえに、カーシェアリングは、**自動車を自分で所有して維持する、という指向を持たないユーザーを集めることができる。**そこに、ソリューション＝コト売りの存在意義がある。

だからこそ15分200円の利用料金は、新車の価格と比較され得ず、新たなビジネスとして成立している。この発想は、エアコン、ボイラー、産業用ロボットなど、あらゆる領域で応用が可能ではないだろうか。

日々の営みが次に踏み出すべき一歩になりうる

ソリューション＝「コト」売りの発想の原点においては、**「顧客が何にどれだけの価値を見いだし、対価を払う用意があるかを探ること」**が必要だ。すなわち、①自社が製品を介して提供できるソリューションは何なのか、②それは顧客のニーズを踏まえたものなのか、という点がエッセンスとなる。

とはいえ、これらを探っていく活動は、当然のことながら日々のユーザーとの会話においてすでに試行錯誤しているはずだ。つまり、日本企業にとって、その強みを活かしたコト売りへの変革やサブスクリプションへの取組みとは、はるか彼方の国の寓話などではない。**すぐ目の前で繰り広げられている日々の営みが次に踏み出すべき一歩のはず**である。

サブスクリプションは旧来からあるビジネスモデルではあるが、昨今、特に一般消費者向け情報産業、メディア、コンテンツ、通信、小売といった分野で、サブスクリプション化した新たなビジネスが誕生し、それぞれの業界の勢力図をまるごと書き換える勢いがあることは本書で再三指摘してきた。ソフトウェアやコンテンツをサブスクリプション化するのは誰でも容易に想像がつくし、すでに多くの恩恵を受けているので実感もある。だが、多くマスコミで喧伝されがちな、これらマス指向、直販指向の単純なサブスクリプションモデルは、そのままの形では伝統的な多くの強みを持つ日本企業にはそぐわない。

　では、日本企業にとって、その強みを活かしたサブスクリプションへの取組み、「日々の営みから次に自然に踏み出す一歩」はどうあるべきなのか。工業用ロボットや工作機械、さらにはボイラー、コンプレッサー、業務用冷凍庫などなどハードと呼ばれている製品群はサブスクリプションに馴染むのであろうか。イメージが湧きにくいという声は多いかもしれないが、それは十分可能である。まだ実例は少ないものの、すでに実現しているビジネスモデルもある。本書ではむしろ**このような製品群を生産している製造業にこそ、サブスクリプション型のビジネスモデルが大きくスケールする可能性がある**と期待している。そしてこの分野こそ日本企業にチャンスがあるはずだ。

　とはいえ、**日本の製造業には独特の商慣習が存在するため、これがビジネスモデルの変革の大きな障害となるのでは**と危惧する向きもあるだろう。そこで本章ではまず、日本企業を取り巻く現状を少し整理しておこう。

特有のセールスエコシステムの強みと弱み

独自の慣例や慣習、さまざまな制約や縛り。どこを切り取っても、日本の産業界には複雑な仕組みが張り巡らされている。特に建機・産機・電機・部品・素材といった古くからあるBtoBの産業にはその傾向が強い。

多くのしがらみの中で、日本の産業は、はたしてサブスクリプションとどのように向き合っていけばいいのだろう。レガシーな企業にはたして勝機はあるのだろうか。

こういった歴史のある企業では、形のある（タンジブルな）モノを、階層型で販売し拡大していくための強固なセールスエコシステムが細やかに構築されている。この大きな特徴は、サブスクリプションの導入を考える際、強みにも弱みにもなりえる。第3章のSMARTサブスクリプションのM（相互性）の項目で、「商品と原価をトリガーとする販売の仕組み」は、モノ売りからコト売りへの転換、サブスクリプションの事業への導入を進めようとした際、「顧客との契約をトリガーとする購買管理の仕組み」ではないことがボトルネックとなる旨を詳説したが、もう一度別の角度から読み解いてみよう。

メーカーから販売パートナー（代理店）を通して利用者へ。ときには何段階もの階層を経て顧客のもとに製品が送り届けられる販売網は、仕入れと物流を含めた強固なサプライチェーンとして、日本のモノづくりを黒子として支えてきた。当然のことながら、グローバルに展開する日本企業は、日本国内のみならず、海外においてもこの指向でエコシステムを構築している。

これは、欧米型のコンテンツやソフトウェア産業が、形のない（インタンジブルな）モノを、できるだけサプライチェーンを短縮して直販中心に拡大しようとする指向とは、まったくもって趣を異にするものである。

だが、このエコシステムは、モノ売りからコト売りへと変わりながら、サブスクリプションを活用し、次世代に向けてビジネスモデルを転換していく際には、先に示したように、強みになると同時に弱みにもなりうる。正確には、事業拡大においては引き続き構造的な強みになると同時に、システム、特に情報システムにおいては弱みとなるのである。

モノづくり企業はこれまで、メーカー自身を最上流として、上流から下流へ向けて、モノが時間差で流れていくセールスエコシステムを構築し、大きな成長を遂げてきた。それはすなわち、最上流のメーカーが、最下流のエンドユーザーに対し、他者をいっさい介さず、時間差もなく、**直接何かを提供する仕組み作りの経験をほとんどしてこなかった**ことを意味している。

確かに、より下流に存在するユーザーを直上の会社がサポートするこのエコシステムは樹形図のような構造になるため、拡大の規模とスピードを上げやすく、管理もしやすい。モノだけを上流から下流に向けて一方的に流通拡大していくには最適のモデルである。

しかし、エンドユーザーの行動を追いかけようとした場合、エコシステムをたどって逆流する必要がある。さらに、エコシステムを介してしかエンドユーザーにはたどり着けないので、結果としてエンドユーザーがどの商品をどのように使い、何を欲しているかという「コト」につながる情報が入手しづらい。**仔細な情報が最上位のメーカーの手元に届かない仕組み**である、という弱み、さらにいうと、情報システムも上流から下流への一方向を前提として構築されてきた、という弱みを招いているのだ。

エンドユーザーとの接点（タッチポイント）が不足している

簡単な例として、猛暑で誰かが自宅の納戸にエアコンを増設したとしよう。エアコンはリフォーム業者か、町の電気店か、家電量販店か、いずれにせよセールスエコシステムの下流にある販売店から購買されたものであり、その販売店の在庫は、地域販社やメーカー代理店から卸されたものである。極端なところでは、最上流のメーカーは、「お客様ハガキ」が返送されなければ、一体いつどこで誰が買ったのかすらわからない、という事態になる。

エアコンは生活家電であり、機器としてはそもそも詳細な利用データを取得し集約できる能力を有している。これらの機器が収集するデータは、部屋の内外の温度や湿度から想定される適温設定、冷暖房効率、設置した場所、利用状況から推測される家族構成など多岐にわたり、大いに価値のあるものだろう。本来であれば、メーカーは製品経由でこうした利用データを入手できるはずであり、モノ売りからコト売りへのアイディアの宝庫にもなりうる。

だが、宝物のデータは、往々にしてメーカーの手元には届いていない。コンスーマー相手ではなく、BtoBであっても同様だ。

このことは先に論じた、モノづくり企業特有のセールスエコシステムの弱点と表裏一体になってしまっている。すでにアプリを作り、機器の利用状況を把握できる仕組みを構築している家電メーカーもあるが、往々にしてそのアプリはエンドユーザーが使いたいと思う、つまりエンドユーザーからのアクションがなければ利用されず、家電の一機能の域を出て、**汎用的かつ継続的なエンドユーザーとの接点（タッチポイント）まではなり得ていない**のが実状である。

加えて、BtoBの領域においては、顧客側が稼働データを企業秘密として、メーカー側に渡ることを拒絶するケースが多いといわれている。例えば日本を代表するような大手製造業である顧客は、生産工程で使用するラインの設計を自ら行っているため、工作機械メーカーやロボットメーカーには機材の納品と保守を依頼するものの、ラインをどのようにして効率的に操業していくかは顧客自らが考えている。稼働データを外部に提供する必要がないのだ。

しかしながら、人手不足から「省人化」や「無人化」を進める動きは大企業だけでなく中堅中小企業にも広がっている。工作機械メーカーやロボットメーカーにとっては市場が拡大していくチャンスではあるが、これらの新しい顧客群は自社だけでオペレーションの最適化を図っていくのは困難だろう。新しい顧客群に対してメーカー側が単に製品提供だけではなく、**ソリューション提供による導入メリットを訴求できるか否かが、市場拡大のポイント**になってくるはずだ。

ソリューションを提供するためには、まずは製品を介して顧客とつながっている環境を整備しておく必要がある。次に製品を介して顧客のデータを収集し、それをソリューションに落とし込もうとするとき、①通信と②タッチポイント構築へのユーザーの同意という、考慮すべき2つの側面がある。まずはそもそもの通信メソッドをどうするかだが、これはLPWAやIoT SIMなどの通信手段が普及し組み込まれることで解決できるだろう。しかしタッチポイントの構築においては、高い匿名性と顧客側の情報提供に関する同意が両立しないという課題が残る。パーソナライズされたサービス提供のメリットが顧客側の同意を得られるものになるか、そこはメーカー側にとって知恵の絞りどころであろう。

営業も販売も決済もすべてが「複雑」な日本企業

旧くからの片方向のモノ売りメソッドと、その拡大を支えたセールスエコシステムを、伝統的な日本企業が持つ1つの「前提条件」として考えてみたが、ここで、BtoBも含めた日本企業、特にモノづくり企業が持つ「前提条件」には、シンプルなマス型指向のビジネスとどういった距離感があるか、第4章で例に挙げた、GAFA的な企業が得意とする破壊的イノベーションに噛み合う、比較的シンプルでマス指向のビジネスモデルと比較してみよう。

伝統的な日本企業型

- 形のある（タンジブルな）モノがある
- 複数の製品やサービスが混在販売されている
- 拡販は代理店・販社型で直販は少ない
- セールスエコシステムやサプライチェーンが複雑に構築されており、必須
- エンドユーザーへのタッチポイントはメーカーではなく販売代理店やディーラー側にある
- タッチポイントは人や店舗、対面である場合が多い
- 製品値引きやカスタマイズなど個別対応がある場合も多く、総じて商習慣が複雑
- 見積書、請求書、納品書といった紙文化、ハンコ文化
- 銀行口座を介した決済が中心
- 結果的に、破壊的イノベーションと相性が悪い

シンプルなマス指向型

- 形のない（インタンジブルな）商材が多い
- 商品がシンプルで、混在販売や複雑な管理の必要がない

・直販、新規販路型
・セールスエコシステムやサプライチェーンがシンプルか、往々にして「ない」
・インターネットに特化した、できるだけ身軽な販売スタイル
・デジタル化したタッチポイントに特化している
・月額固定を中心にしたマス指向の課金モデルで、料金計算も単純
・決済はクレジットカードなど自動処理ができるものが中心
・結果的に、破壊的イノベーションと相性が良い

見事なまでに対照的である。

日本のモノづくり企業をもっとも的確に表現する形容詞は「複雑」かもしれない。営業も販売も決済もすべてがシンプルとはほど遠い。良くいえば、個々の顧客やケースに応じたきめの細かい対応ができるが、悪くいえば標準化されておらず、エコシステムも含め、総じて複雑で標準化が難しい。

顧客に呼ばれればすぐに足を運び、ていねいに注文や要望を聞く。顧客ごとにきめ細かくカスタマイズしたサービスを提供することには熱心だが、それだけに効率が悪い。企業や業界特有の慣習やルールもある。

何らかのイノベーションを起こそうとしても、自社を取り巻く複雑な環境としがらみがどうしても立ちはだかってくる。いっそのことスクラップアンドビルドで全部破壊してしまえ、という発想が湧きあがることは無理もないところだろう。でもはたしてそのようなことが可能なのであろうか。多くの場合には現実的ではないだろうから、これらを所与のものとして受け止めないといけない。良い悪いではなく、これが多くの日本企業の現実である。

既存の産業と寄り添うサブスクリプションを目指せ

とはいえ、消費者の意識も所有からシェアへと変わり始め、ＩｏＴや次世代通信などテクノロジーの発展もますます進む中、いま、モノづくり企業であっても、自社製品の利用者に対して、サブスクリプションサービスを提供する必要性が、もっというと、「コト売り」とか「サブスクリプション」というキーワードを取り込んで何かしなくてはいけない、というプレッシャーが、社内外で急速に高まっているのではないだろうか。本章でも、「ドリル」ではなく、「穴」を売ろうとすることで、ビジネスチャンスは大いに広がる、と記してきた。

こうした潮流においては、従来の日本的な仕組みは複雑に過ぎ、デメリットでしかないように見える。これまで拠って立ってきたシステムがビジネスモデルの変革の足枷に思えてくる。ビジネス系メディアを読むと、既存のレガシーなシステムに大胆にメスを入れ、破壊もいとわない思い切った施策が必要だと指摘されている。実際に家電メーカーや化粧品メーカーなどにおいては、従来は販売代理店や特約店といった流通チャネルを大切にしてきたが、サブスクリプションモデルにおいては直販モデルに切り替えを図るケースも見受けられる。

しかし、このような動きははたしてBtoBの領域を含む他の多くの産業にも当てはまるのだろうか。例えば既存のセールスエコシステムをすべて捨ててしまい、メーカーからエンドユーザーへの直販だけを行う「破壊的イノベーション」に邁進する、こういった選択が、本当に日本企業の強さを活かすことなのだろうか。

日本企業の多くはサプライヤー、販社、代理店などによって成る複雑なエコシステムを構築し、それを土台にビジネスを展開している。いわゆる製販分離モデルにおいては、メーカー（製造）は新製品の開発とコストカットによる利益率の最大化を担い、販売会社や代理店はとにかく売上の最大化を図ることに特化することで、グループ全体の収益の最大化を追求してきた。この効率的な機能分担はもはや過去のものとなってしまったのだろうか、否、まだまだ利用価値は十分にあるはずだ。サブスクリプションを取り入れようとしたとき、その土台を破壊してしまう選択は、破壊的イノベーションの理想論でしかない。そのリスクを許容することは、企業として取るべき現実解にはなり得ないのではないだろうか。むしろ、現在のビジネスの土台の上に、サブスクリプションという新しいビジネスを乗せる道を指向するほうが、**現実的で納得感もあり、リスクも低減させられる選択**といえる。

そして、それは決して実現不能な選択肢ではない。サブスクリプションを導入するからといって、何も既存のシステムをすべて否定する必要などないのである。

サブスクリプションという文化は、旧来からあるものながら、昨今、急に喧伝されてきており、しかもその対象が、ＧＡＦＡ的な欧米型マス直販指向の「破壊的イノベーション」に寄っているため、「サブスクリプションとはそういう文化であり、そういう仕組みしかないのだ」という思い込みがあることが誤解のすべてである。

相性が良くないことがわかっていながら、破壊的イノベーションを指向するサブスクリプションの仕組みを盲目的に取り入れるのは愚の骨頂である。日本企業向けの、あるいは自社の文化にあったサブスクリプションの仕組みを作ってしまえばいい。ただそれだけのことだ。

現在の商流や商慣習を尊重し、保持した上でサブスクリプションを通じて事業変革を実現させることは十分に可能である。先ほど挙げたいくつもの「複雑さ」を内包したままのサブスクリプション、良い意味で既存の産業と寄り添う実現可能なモデルは存在しうる。例えば卸売りを前提として販社や代理店にサブスクリプション商材を卸せる、あるいはサブスクリプション商材を上流から仕入れられる、そういった機能を取り込んでしまえばいいのだ。世の中で目につくサブスクリプションの仕組み、先行例に自社のビジネスを合わせるのではなく、自社のビジネスにサブスクリプションの仕組みを合わせてしまう。そういった仕組みは、現にいくつも稼働している。本書で挙げる一部の例からでも、その成果を感じていただけるのではないだろうか。

BtoBの市場にGAFA的企業は早晩進出しない。けれども……

第1章で述べたように、サブスクリプションビジネスでは、「定額聴き放題」のようなコンスーマー向けサービスが着目されやすい。特徴がシンプルでわかりやすく、旬のトレンドとして理解されやすいからだが、実際にはその水面下に巨大な既存産業、特に重厚長大な産業のビジネス変革、という「可能性の塊」が胎動している。

サブスクリプションがカバーしうるBtoBの市場規模の予測は難しいところであるが、例えば2018年の日本国内の企業間電子商取引（BtoB－EC）の市場規模は約344兆円と推定されている。一般消費者向け電子商取引（BtoC－EC）の市場規模の約18兆円と比較すると、日本国内に限ったとしても、企業間取引の市場は個人向けの経済流通量をはるかに超える規模だといえるだろう。

市場規模は圧倒的に大きいながら、**この領域には早晩GAFA的企業の進出はまず考えられない**。日本の工作機械を日本以外の企業がデジタルの仕組みだけで売るという事態を想像できるだろうか。

それはあり得ない未来だ。確かに定型的な製品やサービスを販売するBtoC市場においてはGAFA的な企業によって劇的なゲームチェンジが行われている。だが、BtoB市場においては、顧客ごとに仕様やサービス内容が異なるため、マス向けに単一化されたデジタルの仕組みだけでは取引を成立させることが難しい。例えば、工作機械を設置する場合、顧客側の生産現場を踏まえた入念な打ち合わせがメーカー（もしくはそれに代わる販売代理店、ディーラーなど）との間で行われるのが通常である。そして製品が設置されて以降も、顧客からの連絡に応じる態勢がメーカー側には求められる。おそらくこのような個別対応はGAFA的な企業からすれば非効率的であり、食指が動かないと思われる。

市場規模は大きいが、日本企業がリードする法人間取引にGAFA的企業が入り込もうとすれば、土台の仕組みを根本から変えなければならない。日本企業が、日本におけるB to Bのルールを海外販社にまで要求し、エコシステムに組み込んでいる点も、この局面では有利に働く。海外で事業を展開している企業にも日本のロジックが適用されるため、舞台が海外であっても、そこは日本の延長線上にある閉ざされたマーケットとも捉えられる。これを、海外にもガラパゴス化した仕組みを持ち込んでいると批判する向きもあるだろう。海外でありながらドメスティックな仕組みが維持されているという意味では、確かにガラパゴス的ではある。

だが、それゆえにGAFA的企業の破壊的イノベーションとは相性が悪く、いってみれば**外敵の来襲を防いでいるという一面は見逃せない**。サブスクリプションが進化して、提供形態をモノからコトに変化させ、これまでにない新しい価値を創造するようになると革新性が高まり、ときには産業の破壊に近づいていくと第1章で述べた。だが、既存のエコシステムを活用したB to Bのサブスクリプションは決して破壊をもたらさない。繰り返すが、日本企業にとって、その強みを活かしたコト売りへの変革、サブスクリプションへの取組みとは、はるか彼方の国の寓話などではなく、すぐ目の前で繰り広げられている日々の営みが自然と踏み出す次の一歩であるべきなのだ。

その一歩がもたらすのは破壊的な革新でなく、建設的な革新となる。既存の産業の仕組みを尊重し、歩み寄り、その上で新しい価値を創造できるサブスクリプション。この**「建設的イノベーション」こそが、日本企業が目指すべきゴール地点**ではないだろうか。

現実に、本書でもいくつか実例を挙げている売上高1000億円を超えるような大企業が、BtoBのサブスクリプションに足を踏み入れている。コンスーマー向けに単純化された定額課金のようなモデルとは違って、乗り越えなければならない課題は少なくないが、商習慣などの「前提条件」を踏まえたBtoBのサブスクリプションを日本企業が目指すべき時代が来ようとしている。

そのとき、BtoBの世界では、仕組み（サブスクリプション）に産業が合わせて窮屈に変化するのではなく、**仕組み（サブスクリプション）の側が産業ニーズを汲んで進化すべき**だ。その流れは確実に訪れている。

現状維持は即ち敗退

ＧＡＦＡ的な企業が来襲するまでに猶予があるからといって、ＢtoＢの企業は座したままで待っているだけで良いのだろうか。ＧＡＦＡ的な企業の動向にかかわらず、デジタルトランスフォーメーション（ＤＸ：テクノロジーの発展を背景としたビジネスの変革）が進んでいくことは間違いない。自社が取り組もうが立ち止まろうが、隣の競合他社は取り組んでいくだろう。顧客との関係をデジタルに置き換え、既存のビジネスモデルを「継続的に収益を得る仕組み」に変換していくことがＤＸの本質とされるが、いうまでもなく、これはサブスクリプションによる事業変革・事業創出と表裏一体であるといえる。

旧来のタッチポイントである、営業マンや販社・代理店を介して顧客の要求を汲み上げていくスタイルは否定しない。ただこのままでは、どうしてもメーカー側は受動的なアクションにとどまってしまう。

これからの時代は、さまざまなテクノロジーを活用して顧客のデータを収集し、それにもとづいたソリューションをサブスクリプションによって提案していく、という能動的なアクションによって競合先との差別化が図られていくだろう。顧客が欲しているのは「穴」であって、「ドリル」ではない。それも事業者が勝手に考えた穴ではなく、顧客のニーズに合致した穴でなければならない。

そして、**このニーズは不変であるとは限らず、いつでも変化するもの**だと考えるべきだ。ぼやぼやしていると、競合先がサブスクリプションを駆使して顧客の囲い込みを始めてしまう。もしくは、破壊的イノベーションの巨人ではないにせよ、思いも寄らない第三者が、ソリューション提供サービスを開始してしまうかもしれない。

もしそうなれば、**母屋を取られたメーカーは、単なる「ソリューションを構成するいち部品」の供給者に成り下がってしまう**だろう。顧客とのタッチポイントを奪われ、ビジネスの主導権を握られる。こうなってしまうと、「顧客との継続的な関係が担保されている」というサブスクリプションの最大の特性が逆に作用し、巻き返しがかなり難しくなってしまう。そのような事態をはたして容認できるのだろうか。いかにしてこれまで築いてきた顧客との関係をサブスクリプションを活用して維持、強化していくか。真剣に考えるときが迫っている。

サブスクリプションは「顧客との継続的な関係を担保する」ことにあるのだから、一過性の取引と違い、本質的に関係を分かちがたいものだ。販売会社や代理店、ディーラーの営業マンによる対面のつき合い、生身のタッチポイントは企業と顧客の間の信頼関係の基盤として維持され、これからも必要とされ続けるだろう。**目指すべき姿は、この基盤の上に、モノだけでなく、ソリューション＝コトがデジタル化され装備された仕組み**である。

日本では、「サービスは無償」という概念が顧客側にもメーカー側にも強くある。営業マンが顧客のために手間暇を惜しまずにつくす姿はこれまでは美徳であったかもしれない。しかし、それはあくまでも製品を買ってもらうためだ。これからビジネスモデルを「継続的に収益を得る仕組み」に変換していく以上、サービスの対価を得なくてはいけない。幸い、価値を可視化し、顧客にソリューションを享受しているという意識を持たせるために必要な技術は揃ってきている。このソリューションを継続的な関係で担保したものがサブスクリプションであり、第3世代のサブスクリプション「SMARTサブスクリプション」がその進化を後押ししているのである。

重厚長大の製造業はエボリューション指向サブスクリプション向き

第3世代のサブスクリプションには、Sequential（連続性）、Mutual（相互性）、

Alterative（変質性）、Responsive（即応性）、Transformable（転用性）の5つの要素を備えているものが多いと第3章で紹介した。

また、指向するサブスクリプションのタイプによって、5つの要素の関連性は大きく2つのグループに分けられるとも解説した。

1 S-M-R連動：エボリューション指向サブスクリプション

2 A-T連動：イノベーション指向サブスクリプション

1のエボリューション指向とは、既存ビジネスの進化を目指すサブスクリプション。2のイノベーション指向とは、既存ビジネスの実績や経験を踏まえながらも、従来とは異なる新しいタイプのビジネスの創出を目指すサブスクリプションだ。

このうち、連続性と相互性、即応性の3つを持った「エボリューション指向サブスクリプション」にもっとも近いポジションに立つのが、顧客に工作機械や産業ロボット、建設機械等をBtoBで提供している製造業である。

こうした重厚長大の製品を手がけている製造業は、ほぼすべての商談で顧客と保守契約を結んでいる。つまり、サブスクリプションの第一要件である「顧客との継続的な関係」

がすでに担保されているわけだ。

これらのビジネスにおいては、日常的に営業マンが顧客訪問を行い、あるいは定期点検に出向き、装置に不具合が起こった際にはサービスエンジニアが迅速に修理に駆けつける。営業マンやサービスエンジニアは交換部品やオプション製品、あるいは新規設備の注文を連続的に受けたときは、確実に応えている。顧客との関係を継続させているタッチポイントは営業マンやサービスエンジニアたち。サブスクリプションになくてはならない「エボリューション指向サブスクリプション」のベースがすでに築かれているのである。

IoTを活用して進化したコマツのサブスクリプション

重厚長大な製造業が実施しているBtoBのサブスクリプションは、いまのところ旧世代に属するものが多いが、IoTという新しいテクノロジーを活用すれば、第3世代のSMARTサブスクリプションに進化しやすい。

この進化したサブスクリプションをいち早く推進しているのが、第3章でも取り上げた建設機械メーカー大手のコマツの事例だ。

自社の建設機械の情報を遠隔で確認するシステム「KOMTRAX（コムトラックス）」を使って、コマツは遠く離れた場所にあっても建設機械を見守り、定期整備部品のタイムリーな交換や万が一の異常発生時における迅速・的確な処置を行っている。２０１５年からは「スマートコンストラクション」と呼ぶ新サービスも投入された。建機を使った土木作業自体をデジタル化し、施工前の測量から設計、建機による実作業、施工後の検査結果までをデータで管理するサービスだ。「スマートコンストラクション」の情報はすべて、「KomConnect（コムコネクト）」と呼ばれるクラウド上で管理されている。テクノロジーの力で、コマツは**生産性の高い未来の現場を構築していくソリューションを提供**しているのである。

サブスクリプションモデルにすることでコマツは、スマートコンストラクション事業の収益率の向上を図っている。

このコマツの取組みは、モノからコトへと提供形態をシフトし、新しい価値を創造している、革新性における第２－第３グループのサブスクリプションであり、その要素としてSMARTを取り込んでいる、第３世代のサブスクリプションなのだ。

だが、「KomConnect」は革新的なサブスクリプションではあるが、破壊的ではない。建設機械の稼働率の向上、部品調達のタイムリーな交換、トラブルの防止、与信管理の行いやすさ、盗難保険料の節約。「KomConnect」は、足元の建設業界を破壊することなく、従来にはなかった有益な価値を次々と生み出している。

革新的でありながらも、産業構造の破壊にはつながらないサブスクリプションがあり得ること、それが可能であることを「KomConnect」の事例は示唆している。このコマツの成功事例が他の製造業のBtoBサブスクリプションに与える影響は小さくないだろう。

モノの売り切りを中心とした旧態依然としたビジネスモデルから、顧客に新たな価値を提供して継続的に対価を得る、コトを中心としたビジネスへ——。コマツは製造業全体の意識を変え、次世代のビジネスモデルへの転換を促している。

SMARTに踏み込まないという選択肢

コマツの事例に刺激され、自社のビジネスを旧世代サブスクリプションから新世代のSMARTサブスクリプションに進化させたいと考えている企業は多いだろう。

「環境の急激な変化に対応して生き残るためには、何としてでもビジネスモデルをサブスクリプションに変えなければならない」。そうした経営者の危機感から、ここにきて急に現場にサブスクリプションの検討を命じるケースが多いように見受けられる。

ただし、短絡的に自社製品をサブスクリプション「っぽく」時間や量でスライスしたり、定額課金に仕立てたりしても成功の保証はどこにもない。たとえそれらが最初の一歩であったとしても、最終的には、コト売りの単純な「値札替え」に終わらない「サブスクリプションでなければならない製品＝自社製品を介してソリューションを提供するサブスクリプション商品」を仕立てることを意識したほうがよいだろう（サブスクリプションのビジネス革新性の第2グループ）。

反証的ではあるが、闇雲にSMARTサブスクリプションに移行することがあらゆる企業、あらゆる業態にとって得策とは限らない。サブスクリプションへの移行を検討する際には、「自社製品を介して顧客に提供できるソリューションは何なのか、そのソリューションは顧客が必要とするものなのか」、「提供するソリューションをどのようにしてデジタル化して、契約に落とし込むのか」、「どのようにして顧客のニーズを汲み上げて、サービスに反映させていくか（改善していくか）」といった視点がまずは重要である。その上で、旧世代サブスクリプションでとどめるのか、テクノロジーを使って少し踏み込んでいくのか、最終的にはSMARTサブスクリプションの要素を取り込んで高度化するか検討する、というのがあるべき道筋だろう。

これらを踏まえた上で、サブスクリプションの道程をたどるとするのならば、まず何から手をつけるべきか。**第一歩として取り組むべきは、くどいようだがタッチポイントの見直し**だ。最初に顧客ごとの「マイページ」を立ち上げることでもよいから、タッチポイントを応用の利くデジタル化された形にすることから始めたい。

残念ながら現状を見る限り、日本の企業はサブスクリプションには関心があっても、顧客とのタッチポイントがその出発点であり帰結先になる、という発想がいまだに希薄だ。とりわけ、企業規模が大きい企業ほど無頓着の傾向が強い。タッチポイントの意義や役割についても無自覚さが見受けられる。

GAFA的なものに対するコンプレックスに突き動かされ、これからの市場はすべてGAFAに取られてしまうのではないかと危惧しながらも、自ずからデジタル化されたタッチポイントを作り、それを出発点として自分たちの強みをさらに深掘りしていくという発想に欠けている。これは**大いなる機会損失**だといえよう。

サブスクリプションの導入について検討している企業であっても、タッチポイントに関してまったく関心がない企業は驚くほど多い。先の例で挙げた大手家電メーカーの場合、リサーチをしっかりと行い、利便性の高い機能的な家電製品を作ることは得意中の得意だが、実際にユーザーがその製品をどのように使っているかについての情報はほとんど持っていなかった。

匿名性の高いアノニマスなデータではなく、1対1のタッチポイントを築けば、詳細なデータが取れるという話をすると、「それはできない」と即座に返されることも多い。メーカーが製品を売っている先はディーラーであって、客に直接販売をしているわけではない。だから、実際のユーザーのもとで製品がどのように使われているのかという利用シーンを把握することが難しいというのが理由である。

このように日本の多くのメーカーは、自社の製品の稼働データを十分に収集できていない。そのために、ユーザーのニーズをタイムリーに把握できていないというのが実態だ。そもそもデータを収集することの許諾がユーザーから取れていないケースも多いのではないだろうか。

メーカーからディーラー、地域の販売代理店、小売店を経て客のもとに製品が届く一連の流れがあまりに強固にできあがっているために、顧客とのタッチポイントの必要性にまったく気づかず、気づいたとしても現在の仕組みの中ではそれは難しいとすぐに結論を出してしまう。残念ながら、これは決してレアケースではない。

幸い、旧くは製品と保守の組み合わせから始まり、交換部品の定期供給サービスなど、モノづくりとサービスは本来相性がよいはずである。そこで自社の製品を通じて提供されるサービスに注目し、このサービスの利用状況をデジタルの仕組みで可視化できるようにすれば、まずはメーカーとユーザーとが双方向につながる土台（タッチポイント）ができる。

顧客は有償のサービス提供を受けるとなると、「現在の利用状況はどうなっているのか」、「今月支払う金額はいくらになるのか」、「サービスを受けることでどのような効果があったのか」などを、適宜自分のタイミングで知りたいと思うはずであり、**「マイページ」の設定は必要不可欠**だ。「マイページ」はアップセルやクロスセルといった顧客からの相互性（M）のある行動のトリガーになるのみならず、「マイページ」上で提供するためのデータを収集することとは、顧客へのサービスである一方で、メーカーからすれば顧客に設置された自社製品の稼働データの収集にほかならず、これによって高い即応性（R）を満たしたビジネスへの道筋となるのである。

とりあえずできるところからやってみる

ＳＭＡＲＴサブスクリプション事業に取り入れ、ビジネス革命を進めている工作機械の

G社も、最初はインターネットを活用したタッチポイントを設けるところからすべてが始まった。営業マンがただ客先を回っているだけではあまりにも非効率過ぎるという問題意識と、営業マンがタッチポイントとして適切に機能しない限り、顧客は行動のトリガーを引くこともなく機会損失が多いのではないか、という危機感からタッチポイントの増設に至ったのだ。

G社の取組みを順を追ってまとめると、次のようになる。

1 R（即応性）⇓既存の仕組みあり。営業マンが定期的に顧客を訪問し、ニーズに合った商品提案を行い、個別商談を実施していた

2 M（相互性）⇓営業マンというタッチポイントに、インターネット上にマイページと顧客IDを追加。このIDは営業マンと所属先にも紐付いており、既存のセールスエコシステムがそのまま移行されている。同時にサプライ品の注文や工作機械への機能追加・設定変更のリクエストができるようインターネット上にマーケットプレイスを開設。既存のセールスエコシステムを活かしながら、顧客トリガーでの発注やコンタクトが可能な手段を追加

3　A（変質性）⇓この新しい保守スタイルを1つのサービスとして顧客に（半ば必須のものとして）販売。これまでコストだけかかった御用聞きスタイルがインターネットを使った保守サービスとして変質

4　S（連続性）⇓顧客とのコンタクト頻度、受発注サイクルが向上

5　T（転用性）⇓このエコシステムを土台に、機械のシェアリングサービスまで踏み込もうと計画。別のビジネスへの転用がスタート

このように、G社は決して、一足飛びにサブスクリプションに着手し、SMARTサブスクリプションを軌道に乗せたわけではない。一歩ずつ段階を踏んで、1つずつレベルを上げながら、**自社の既存ビジネスと将来価値を掛け合わせたサブスクリプションを実現**させた。

サブスクリプションよりも何よりも前に、まずタッチポイントを作り、そこから発想が広がって、G社はインターネットを活用し、工作機械を利用する顧客のニーズにフィットする保守サービスの実現にこぎつけた（A）。そして、受発注サイクルの向上を成し遂げ（S）、次のステップとして、これまでの事業とは一線を画する機器のシェアリングサービスに踏み込もうとしている（T）。すでに確立されたビジネスは、当然のことながら製品

や顧客といった土台を有している。G社の例は、この「ビジネスの土台」があるからこそ、新たな施策に対するリアクションとそれを受けた次の発想－PDCAのサイクルを高速化できることを示している。

GAFAが怖い、何かをやらなくてはいけない、流行っているからという理由でサブスクリプションを始めたいと考える日本企業の動機は、「現在の顧客ベースを手放したくない」という強烈な危機感にある。

その危機感自体は悪くない。問題は、顧客を獲得しているという認識はあり、それを活かしたいという気持ちは強いのに、そこからいきなりSMARTな新世代サブスクリプション、あるいは闇雲な破壊的イノベーションへと発想が飛躍してしまうことだ。

まだ何も取りかかっていないにもかかわらず、すぐにゴールに到達したいと考える企業は多い。例えば、機器の価格を利用時間でスライスした従量課金こそがサブスクリプションだと決めつけ、いきなり従量課金を始めようと考え、何がなんでも早急に実現させたいとする。グーグルアカウントにも連携しなくてはならないなど、極端から極端に構想が膨らんでいくのもよくあるパターンだ。

しかし、よくよく話を聞いてみるとそもそも顧客IDもなく、会員向けのホームページさえ持っていない。しかも、既存のモノ売りビジネスが十分利益を出しており、利用時間でスライスすると利益損失になるリスクが高い……。足元を見ずに、一足飛びにゴールを目指し、机上の空論から成果を得ようとしているのだ。現実と理想のギャップがあり過ぎるのは、サブスクリプションに関しては得策とはいえない。サブスクリプションの本質は「顧客との継続的な関係が担保されていること」であり、それさえ満たされているならば、サブスクリプションの仕組み側を変化、発展させて業況と進展に合わせてビジネスを変質させることができるからだ。つまりサブスクリプションは、それ自体の懐の深さによって「とりあえずできるところからやってみる」ことを可能にする。現在、顧客とのタッチポイントに対する認識や取組みがゼロだとすれば、**まず自社でできることから地道に始めるべき**である。

段階的に完成形に近づいたケーザー

第3章で取り上げたコンプレッサー専業メーカーのケーザー・コンプレッサーの圧縮空気販売事業のくだりでも述べたが、同社も突然サブスクリプションを成功させたわけではない。

まずは月額サービスを導入し、コンプレッサー機器に故障率の情報サービスを追加して、さらに個々の客の状況に応じたプライシングの設定に踏み切った。その後にようやく投入したのが、使った分だけ圧縮空気を販売するサブスクリプション「シグマ・エア・ユーティリティ」だ。

この成功例は、着実に段階を踏んだことこそが要諦である。ありがちではあるが、このケーザーの事例を知って、「サブスクリプションとはかくあるべし」と思い込むのは禁物だ。こういうことをやらなければサブスクリプションとはいえない、という発想は早計に過ぎる。

圧縮空気の販売は、完全にコト売りだ。そこにはもうモノは介在していない。料金が発生する対象は圧縮空気であり、コンプレッサーではない。顧客は例えば「削岩機を作動させるための圧縮空気」を求めているのであって、コンプレッサーというモノではない。コンプレッサーはソリューションの手段へと進化し、メーカーと顧客はサブスクリプションで関係を担保されている。これこそが「ドリルではなく穴」だ。しかし、「削岩機を作動させるための圧縮空気」と、例えば「塗装用機械を作動させるための圧縮空気」は、必ずしも同じではない。これまでメーカーはそれぞれのユーザーの用途に応じたスペックの製品を開発、供給してきた。普通のメーカーならここで留まってしまうところだが、さらにここからケーザーはユーザー側の真のニーズを探る考察を続けていったのであろう。ケーザーは一足飛びにモノ売りからコト売りへと転じたのではなく、ゴールを目指して一歩一歩着実に事業内容を変えていったのである。何よりも注目すべきはこの「一足飛びにしない」というプロセスである。**自社の日々の営みから発生した自然と踏み出す一歩は、必ず次の一歩を呼び起こしてくれる**。製品の強みや顧客のニーズについては自社が誰よりも詳しいはずだ。これは日々課題に取り組み、試行錯誤しているからであり、いきなり借り物の理想論で一足飛びに行こうとしても、ケーザーのようにはいかないだろう。

顧客にIDを配る意義

というのも、ケーザーのような成功例に触れ、サブスクリプションのポテンシャルを痛感するや、即座に「洗濯機の時間貸しをしたらどうか」などと、少しズレたアイディアを持ち出す会社はかなりの確率で存在する。

おそらくこれは、先に述べたように「まだ見えない正解を最初から無理やり探そうとする」、「見聞した成功例を、文脈を無視して自社の現状に当てはめようとする」といった、良くも悪くも優等生的な思考がそうさせているためだろう。そうはいっても、多くの企業の実態として、コト販売に移行したくても、これまでモノの販売しかしていないため、どこから手をつけていいかわからない。というよりも、思い描いているサブスクリプションが壮大過ぎて、何をどうしたらいいのかわからないというのが正直なところだろう。

そうした企業にまず必要なのは、前述のG社がやったように、「とりあえず顧客にIDを配って、タッチポイントだけを持つ」というステップだ。マイページがないどころか、「マイページとは何なのか」というレベルでは、サブスクリプションの導入や、それを通じたビジネス変革に行き着けるはずもない。

「マイページ」がなければ、第3世代サブスクリプションの要素であるSMARTの「M」の相互性も打ち出すことができず、テクノロジーに裏打ちされた「R」（即応性）を備えることも不可能だ。成功例を見聞すれば、特にメーカー側で、使用した分だけを販売する従量課金型サブスクリプションへの憧れは強まり、当然、使用量・使用状況の取得を土台に、次のコト売り、ソリューション販売へ進化したい、という思惑も出てくるだろう。だがその仕組みを実現するには、まず、いま何をどのくらい使っているのかを即座にチェックできる仕組みがメーカーと顧客の双方に求められる。その仕組みがないということは、「M」（相互性）も「R」（即応性）も備えていないということであり、これを活用した次のステップには進みづらくなる。

IDを配っても課金はしない

サブスクリプションの要諦は「顧客との継続的な関係を担保すること」＝「つながりを作ること」である。つながりは、即ち収益を意味しない。つまり、顧客にIDを配っても課金はしない、という選択肢も当然考えられる。つながりの土台さえ築いてしまえば、課金はいつでも始められる。

例えば、工作機械のK社は顧客への「マイページ」配布に着手し、サブスクリプション化の第一歩を踏み出しているが、現段階ではまだ課金をしていない。「マイページ」で何をやっているかといえば、カタログなどをダウンロードさせたり、顧客の問合せを受け付けたりと、浅めの接点として使っているだけだ。

しかし、浅い接点であっても、K社にとっては確実なメリットが見込めるうえ、ここを起点に徐々に進化させていくことができる。つまり、取組みの初期段階であっても、将来の不確定な成功に向けた投資という痛みではなく、最初からメリットを享受しているのである。

K社の場合、**ID配布の当初の目的は、営業マンの手間を省くこと**にあった。ここでいう「手間」とは、1つには「顧客先を回る手間」。もう1つは、「必要な資料やカタログを判断する手間」だ。

K社の販売網は他のBtoBの日本企業の例に漏れず、複雑に階層化している。というのも、間には販売代理店が介在しているが、工作機械やロボットのディーラーの場合、K社製品だけを扱っているというところはほとんどない。

つまり、ディーラーは競合する複数のメーカーの製品を扱っている。そのため、営業マンはどのディーラーにはどのカタログやデータシートを見せていいのか、あるいは見せるべきではないのか、提示すべきはどんな資料なのかを厳密にコントロールしなければならない。

だが、この作業は言うは易《やす》く行うは難《かた》しだ。ディーラー別に必要なカタログやスペックを取捨選択するには膨大な時間がかかる。ノウハウも必要だ。

この問題を解決するためにK社は、先のG社と同様、システム内に既存のセールスエコシステムを反映した形で、各顧客や販社にIDを配布した。固有のIDでサイトにログインすれば、マイページにその顧客、あるいは販社が見ることができる資料のみが現れ、ダウンロードできる形を採用したのだ。いまのところは資料の閲覧のみであり、まだ何も課金するビジネスは展開していないが、この土台を使うことで、将来的にいつでも他の課金ビジネスの土台として活用することが可能になる。現在、まずは対面販売している保守をこの土台で売り始めることを計画中だ。保守の定額販売をスタートしたら、次なるステップは従量課金だろうか。あるいは、革新性の第2グループに属する「コト売り」のソリューション商品を企画するのだろうか。サブスクリプションのよいところは、「顧客との継続的な関係」さえ作ってしまえば、状況に合わせてサブスクリプション側を柔軟に変化させることができることにある。

このように、一番いいのは段階的に次元を上げていくことだ。もちろん、第6章のコニカミノルタジャパンのように、新事業として一気呵成に新世代サブスクリプションに踏み切るといった例があってもいい。しかし、少なくとも思考のプロセスとしては、段階を踏んでいったほうがベターだろう。コニカミノルタジャパンも、ある種サブスクリプションの権化のような複合機ビジネスに長年取り組んだ土台があってこそ、このドラスティックなチャレンジが可能になったのだから。

事業を飛躍させるのはいいが、**思考が飛躍してはまずい**。ステップバイステップを旨として、サブスクリプションを自社の事業に上手に取り入れていきたい。

重ねてになるが、「マイページ」の開設には、従来、担当営業マンやサービスマンなどの属人的な対応に依存することで維持されていた顧客との関係性をシステムを使って「仕組み化」できるというメリットがある。「仕組み化」したその先にあるのが、S（連続性）、M（相互性）、R（即応性）の3つの特性を連動させた新たなビジネス戦略の立案・実行である。

だが、「マイページ」すらない中で、SMARTサブスクリプションを追求しても、それは絵に描いた餅に過ぎない。**「マイページ」はSMARTサブスクリプションへの初歩の初歩**の取組みだ。

先ほど、家電製品のアプリを提供していながらもそれを全社的に活かせていない家電メーカーの例を出したが、こうした企業にありがちなのが、全社プラットフォームとして「e◯◯（メーカー名）」のような壮大だが、抽象的な構想だ。単独のアプリではビジネスが広がらないと考え、いきなりすべてを束ねたサブスクリプション構想を描こうとする。これは一気に現実性に乏しくなる。

それよりも、いまあるものを活用して一歩ずつ進むことを考えたほうが良い。例えばある製品に搭載したアプリがすでにあるのなら、そこからさまざまなデータを取れるようにし、そのアプリのデータを太らせていくほうが正解だ。そのアプリに、他の製品から得られるデータを搭載したほうが明らかに時間的に早く、かつ効果的に顧客データを収集できる。

全体最適を追い求め過ぎると、時間ばかりかかり、ゴールは遠ざかる。全体最適よりも、**一点突破の発想と行動でサブスクリプション戦略を進めていく**ことが、結果的には一番の近道だ。

意識すべきは、まずは1つでもいいから始めてみること。サブスクリプションのメリットやデメリットがわからない中で全体最適を目指すと、実現は3年後になるかもしれない。そうなるともう周回遅れどころの騒ぎではなくなる。テクノロジーの進展が早い中での3年遅れは致命的だ。目指すは一点突破の最初の一歩、である。

レガシー企業のあるべきタッチポイントの持ち方

独特の商習慣や販社制度といった「前提条件」のある企業の場合、ネットフリックスやスポティファイ型のサブスクリプションの実現はどうにも筋違いだし、無理があることはおわかりいただけたのではないだろうか。当然ながらまた、そのようなビジネスモデルを目指す必要もない。自分たちの特徴や強みを活かしたタッチポイントの持ち方を最初の一歩から指向すればいい。

顧客とのタッチポイントとは、顧客に継続的な関係を申し込ませる窓口だけではなく、M（相互性）を高め、顧客側でのソリューションの利用動向をつかみ、さまざまなデータを獲得できる貴重な接点であり、エコシステムの最上流の企業にとって欠かせないものである。

しかし、セールスエコシステムから見た場合、メーカーがタッチポイントを設けることイコール、タッチポイントをメーカーが独占するということではない。それでは既存のエコシステムを捨て、直販指向の破壊的イノベーションに舵を切る、ということを意味する。もし、メーカーだけがタッチポイントを独占し、直販指向に舵を切ってしまったらどうなるか。**さまざまな軋轢が生じる事態が予想される**。

仮に、大手電動ドリルのメーカーがドリルのサブスクリプションをスタートしたとしよう。これまでの販売店制度を無視して、いきなり直で顧客のもとにドリルを届け、導入することができるかといえば、現実的に考えて相当ハードルが高い。

もし実現したとしても、取引のあった代理店や販社からそっぽを向かれ、会社の屋台骨である事業に支障をきたしてしまうだろう。「これまでの取引形態をいきなり無視するのか」、「協力関係はどうなるのか」、そんな声が噴出することは想像に難くない。

サブスクリプションなど、階層のトップに位置するメーカーに利点があるだけで、そこにぶら下がっている企業にとってはダメージあるのみ。メリットなどまったくないという声が飛び交い、**サブスクリプションを機にメーカーを支えてきた販社制度が大きく揺らぎ、瓦解の道をたどり始める**。そんな危うい事態も考えられる。

まったく軋轢を起こさずに直販でドリルのサブスクリプションに踏み切れる企業があるとしたら、破壊的イノベーション指向のベンチャーのようなしがらみのない企業だけだろう。BtoBの土台のある企業は、テリトリーが守られやすい反面、サブスクリプションのように、新しいビジネスモデルに進んでいくときには、そのビジネスの土台に配慮することが必要になる。実際に、先の例のG社、K社も、ともにタッチポイントを顧客に配布する際、既存のエコシステムにいる販社や代理店と紐付けている。

第1章の表層的なサブスクリプションのくだりで述べたように、既存の仕組みにとらわれない新興のネットベンチャーはサブスクリプションを始めやすい。こうした破壊的イノベーションを企てるネットベンチャーは、既存の産業を破壊するために必要なエネルギーを捻出できるのかをまずは考え、さらには破壊にかかるコストを奪取した市場から得られるリターンで回収可能かを考えた上で、標的とする市場を選んでいく。ここが、破壊的イノベーション指向の企業が真っ先に選ぶ領域の第一要件であり、ＢtoＢの各々で閉じた市場ほど、リターンが見込みにくいはずである。本書でターゲットとする日本企業であればおよそ、その知恵と情熱を産業破壊とそこからのリターンに賭けるよりは、既存ビジネスの発展と革新に向けたほうが成功の確率が高いように思えるが、いかがだろうか。

ティア構造を組み入れたサブスクリプションが持つもう1つの難しさ

先ほど電動ドリルメーカーの例を挙げたが、日本の製造業のほとんどは代理店や販社制度のもとでビジネスを展開している。ＢtoＢの機械もコンスーマー向けの機械も、一般の消費財も大半が代理店商売だ。

日本を代表する企業で、インターネット監視カメラを作っている、とある電機メーカーの例を挙げよう。

電機メーカーX社は、製造本部（製造ＨＱ）を兼ねたグローバル本社だ。この製造ＨＱで各エリア向けに作られたインターネット監視カメラは、まずエリアごとの販売ＨＱ（Xマーケティングジャパン・Xマーケティングヨーロッパ……）に卸される。その後、各地域販社（Xマーケティング九州、Xマーケティングフランス……）に卸されたのちに、各販売店（Yデンキ、Wサービス……）に卸され、そこで販売された製品がエンドユーザーの手元で用いられる。この場合、販売階層は5階層だ。

これまでのモノ売り、売り切りモデルであれば、この5階層でもなんら問題はない。なぜなら、これまでの販売のためのシステムがあり、そのシステムは当然、モノが販売階層を上流から下流の一方向で、時間差をもって拡散することを前提に設計されているからだ。また、単にIDを配り、一方的に情報を発信しているような「サブスクリプション最初の一歩」くらいの段階であれば問題はない。

だが、このシステムは、サブスクリプション商品を売ろう、管理しよう、とする段階に踏み込んだときには、そのままではまともに機能しない。監視カメラというモノだけを販売するビジネスを進化させ、顧客にIDを与え、「インターネット見守りサービス」のようなサブスクリプション製品と組み合わせようとした瞬間に破綻してしまうのだ。

これは、階層型のモノ売りエコシステムを支えるこれまでのシステムは、「商品と原価をトリガーとする販売の仕組み」であって「顧客との契約をトリガーとする購買管理の仕組み」でないことが、事業拡大においては引き続き構造的な強みになると同時に、システム、特にサブスクリプションを司る情報システムにおいては弱みとなると論じたもう1つの大きな理由でもある。基本的に、旧来のモノ売り用のインフラはモノが一方的に、かつ時間差をもって上流から下流に卸されていくことを前提としている。しかし、サブスクリプションでは、**解約やアカウントの追加、サービスの変更といった、顧客側のアクションがトリガーとなり取引内容が変更される**。つまり、M（相互性）を持ったアクションが多く存在しうる。

しかも、こういったアクションは、即時に全階層に変更がもたらされないと、料金計算やサポートに支障をきたす。つまり、**ティア（階層）構造を内包したサブスクリプション用の仕組み**でなければ、取引に重大なアクシデントが常に発生してしまい、まったく使い物にならないのだ。

こうした階層状のサプライチェーンは電機業界特有の仕組みではない。製造業に属する日本企業であればほぼ同様のエコシステムが構築されている。古い会社、歴史がある会社がサブスクリプションに移行しようとするとき、はたしてこのエコシステムを無視し、切り離すことができるのか。現実的に考えれば不可能だ。あり得ない選択である。

であれば、方法は1つしかない。エコシステムを残したままで実現可能なサブスクリプションを追求すべきであり、**システム化・仕組み化を行う際には、既存のエコシステムに適応した既存のシステムや仕組みに「寄り添う」アプローチを採るべき**である。このことを認識しないまま進んでしまうと、破壊的イノベーションどころか、イノベーションを待たずしてビジネスが破壊されてしまうことになるだろう。

あのマイクロソフトも販社モデルだった

日本企業が多く持つ複雑な販売モデルは、ともすれば「ガラパゴス化」の1つとして揶揄される。

だが、ガラパゴスにもメリットがある。まず、GAFA的な企業が攻めづらいこと。閉じた世界で多様なビジネスが生まれるのも利点といえる。ガラパゴスは日本の閉鎖性を示すネガティブワードではあるが、その閉鎖性がプラス効果をもたらしていることも多い。

日本の会計基準が閉じていたせいで、会計ソフトの「勘定奉行」が生まれ、資産管理・家計管理ツールの「マネーフォワード」が生まれ、独自の産業が立ち上がり隆盛している。

ガラパゴスの利点を示す事例として面白い会社がある。マイクロソフトだ。

マイクロソフトすらも日本では日本の流通モデルを採用していることをご存じだろうか。採用しているというよりも、採用せざるを得ず、そのほうがビジネスを展開しやすいといったほうが正解かもしれない。

アメリカではマイクロソフトは日増しに直販指向を強め、商品のかなりのボリュームを直販で販売しているが、日本では違う。実は、階層型のセールスエコシステムを通って販売されているボリュームのほうがはるかに多いのだ。ティア1のディーラーが数社あり、日本マイクロソフトに入ってきた製品はまずこのティア1に卸され、そこから階層を経て小売店やエンドユーザーに流れていく。

ヨドバシカメラのような大手総合量販店であっても、ティア1ではない。下位の階層に属し、上位層から製品を仕入れてエンドユーザーに販売しているポジションだ。

日本は販社モデルが非常に強い。ソフトウェアは直販向きの商材の1つであり、マイクロソフトなら当然、とっくの昔にインターネットでの直販に切り替えているだろうと考えがちだが、現実はそうではない。日本においては、固有の強固なセールスエコシステムに則《のっと》ったビジネスのほうが、いまだ十分に効率的であり、合理的なのである。

他にも、ソフト業界にティア制度が敷かれている理由の1つに挙げられるのが、多くの場合、大企業が系列にIT子会社を持っていることである。製品は子会社から仕入れるのが前提条件。グループの系列を無視した取引はご法度なのだ。

大企業では鉛筆1本、直販で調達できないというところが少なくない。非合理にも見えるが、あまりにもグループ内での販売網が確立されているために、網を外れた仕入れや調達は不可能に近い。

鉛筆という小さなモノですら固定化したエコシステムを無視できないのだから、サブスクリプションなら、なおさらだ。**企業や業界特有のエコシステムと距離を置いたサブスクリプションは必ずや不協和音を生み、足元にヒビが入る。**

顧客は慣れ親しんだシステムでモノを買いたい

既存のサプライチェーンを置き去りにしたサブスクリプションの導入には、もう1つ、大きなマイナス点がある。**顧客が路頭に迷いかねない**ということだ。

特定の代理店からモノを買うことが常態化していた世界で、購買がいきなり不可能になってしまえば、顧客は困る。いきなりはしごが外されてしまうようなものだからだ。

歴史のある旧世代サブスクリプションの典型である保険を例に取ってみよう。生命保険も火災保険もすべて、保険外交員をタッチポイントとして位置付けている。保険の販売を、保険外交員を飛び越えた形態のサブスクリプションに切り替えた場合、さて、どんな事態が起きるだろうか。

真っ先に困るのが保険外交員であることはすぐに想像できる。自分の役割、立場がいきなり無視されれば、大量の保険外交員からはそっぽを向かれるはずだ。保険外交員はセールスの牽引力そのもの。彼ら彼女たちの存在を完璧にスルーすることは企業として選択できない。

もちろん、困るのは保険外交員ばかりではない。保険外交員と接し、商品を選んできた顧客も困惑する。

保険商品において、保険会社と顧客との継続的な関係を培ってきたのは、ほかならぬ保険外交員だ。客は慣れ親しんだシステムからモノを買いたい。保険外交員を通して商品を選び、相談するのが当たり前だと思っていた窓口がいきなり閉ざされ、別の窓口を選ぶことを迫られるとしたら、保険会社の信用に傷がつき、信頼が揺らぐ。

保険は旧世代サブスクリプションだから関係ない？　そんなことはない。旧世代サブスクリプションの世界でもこうなのだ。より進んだサブスクリプション商品であれば、システム的な制約がかかって、より困った状況にもなり得る。例えば先の「Office365」の例でいえば、直販で買ったＩＤと、ティア経由で買ったＩＤはそもそも種別が異なる。社内の他のすべてがティア経由で購買されたＩＤで構成される中に、ぽつんと直販購入のＩＤが存在したらどうなるか。管理もさることながら、クラウドを使った共同作業などにも支障をきたしてしまう。サブスクリプションの進化の過程では、各業態が持つ固有の商習慣やエコシステムを無視することはできず、むしろテクノロジーを活用した新世代のサブスクリプションほど、固有の商習慣やエコシステムに適合しない落とし穴に陥りやすいので気をつけなければならない。この留意点は再三例示してきたところである。

代理店や販社、そして顧客。どちらをも困らせることなく、不満も飛び出さない。売上にも影響を与えない。そんなサブスクリプションを実現するためには、現在のエコシステムを応用していくのがもっとも合理的だ。

日本企業が直面する3つの課題

慣れ親しんでいるエコシステムを踏襲しつつ、「マイページ」を開設し、タッチポイントを作る。サブスクリプションのファーストステップを踏んだ後にも、乗り越えなければならない課題や問題はたくさんある。

既存のパートナーとの関係を維持しながらサブスクリプションを進めようとすると、そ

サブスクリプション化の目的と課題①

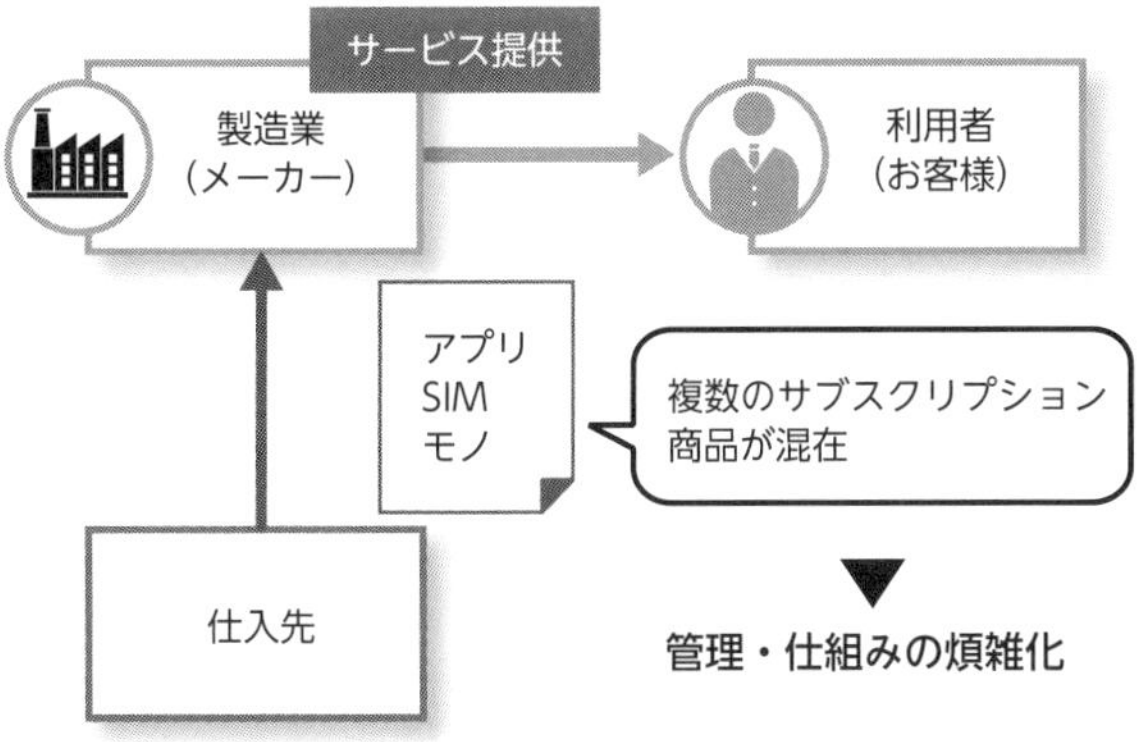

の難度はどうしても高くなる。特に大きいのが次に挙げる3つの課題だ。

まず**最初の課題が混在販売の難しさ**だ。もし、サブスクリプションで提供しているモノがたった1つで、しかも自社ですべてのルールを決められるという体制であれば問題はない。

しかし、そんな企業はごく少数派だろう。既存パートナーとの協力関係によってルールが保たれているという会社のほうが多いはずだ。であれば、現状のルールを維持する努力が必要になる。

具体例として、第2章にも取り上げた車両管理アプリ「Cariot」を見てみよう。シガーソケットにデバイスを差し込むだけで、リアルタイムな車両の動態管理が可能になる

「Cariot」は、ハードウェアに差す通信用のＳＩＭの締め日や支払日と、アプリの締め日と支払日が異なっている。さらに、ハードウェアはサブスクリプションでなく「売り切り」だ。

異なる支払日が存在するために、契約を管理し、料金を算出する作業は指数的に難易度が高い。それぞれの業者と協議し、対応を考えるプロセスが必要となる。

自社がすべてをコントロールできるなら話は楽だ。ネットフリックスのような動画を視聴する権利だけを顧客に直接販売する新興ベンチャーであれば、パートナーは不在のため、好きにルールを設定できる。

だが、製造業でサブスクリプション商品を考える際には、往々にしてハードウェアがビジネスにからんでくる。これらに、セット販売するソフトウェアやサービスが加わり、クラウドサービスやＳＩＭの通信料金も付いてくるとなると、さらなる複雑化が避けられない。日本企業がサブスクリプションに参入する際につまずくポイントは、この「混在販売」にもあるので、仕組みや情報システムの設計時には、この部分の仕様を漏らさないよう留意が必要である。

利用前に原価が決まらないリスク

2つ目の課題は、サブスクリプションの場合、利用後に費用（原価）が決まるケースがあることだ。

コンスーマー向けのサブスクリプションビジネスでは、飲み放題や食べ放題といった「放題」好きの文化があるためか、日本では定額固定の値頃感のある料金プランが望まれる傾向にある。ビールを1杯飲んだから1杯分を払うというスタイルよりも、最初から金額が決められていて、その中ではどれだけ飲んでも食べてもいいというスタイルが支持されている。

一方で、「使っただけ支払う」従量課金も、平等性の面から利用者の理解が得やすい料金体系だ。特に、BtoBのサービスでは従量課金への好適性が高くなる。これは、社員数や利用量など、企業規模や利用方法でそもそもサービスの利用状況に大きな違いが生まれるからだろう。

さて、ここで難しい問題が生じてくる。

サブスクリプション化の目的と課題②

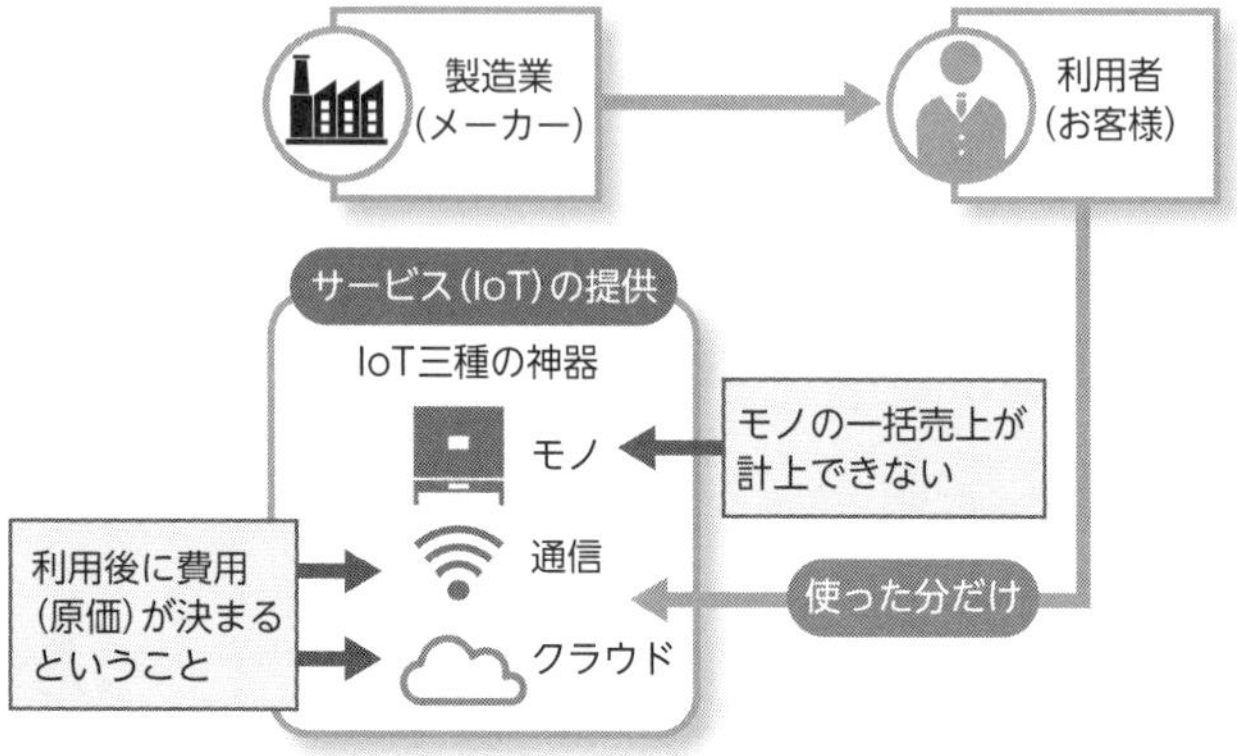

顧客に対しては定額がベターであっても、BtoBの世界における仕入れについてはすべてが定額であるとは限らない。むしろ通信量やクラウドの利用量などは変動するのが当たり前だろう。つまり、原価が従量課金で、しかも「後から」決まるのだ。

IoTの三種の神器は、モノと通信とクラウドコンピューティング。SMARTサブスクリプションを指向する上では欠かせない神器だが、クラウドの費用やSIMの通信量は固定ではなく、使用量に応じて課金する従量料金がほとんどだ。そのため、**販売側の価格を固定プランにする場合であっても、原価側にあたるそれらの費用は変動することを考慮**しなければならない。

三種の神器の料金を一括で計上できれば一番

いいが、通信やクラウドに関しては実際に使ってみないと原価がわからない。つまり、モノの出荷時には原価が確定していないということだ。

「後出しの原価」をどう扱うか

日本のメーカーは、部品1個に至るまで細かく原価を決め、絞りに絞る。生産工程もムダが出ないように徹底管理し、原価率をがちがちにコントロールしている。値段のつけ方は原価積上げ型。原価が例えば3000円だったとすると、そこに6割の利益を乗せて4800円の価格で販売するというフローが一般的だ。

ところが、いまは売るほうも買うほうも使い方によってプライシングが変わる時代だ。原価積上げ型は通用しづらくなった。

通信やクラウドの利用料のように、原価があらかじめ定められず、従量で「使った後から」決まってしまうことも問題のハードルを上げている。

まず、顧客への売価にいつの従量仕入れ分を転嫁するか、というオペレーション上の問題が発生する。理想は対象月の顧客の請求に、対象月の従量原価を反映することであるが、その際には従量原価が確定してから、顧客宛の請求額を確定させるまでの時間が極端に短くなり、オペレーションを圧迫する（というか、システム化しないとほぼ不可能である）。

また、通信やクラウドの料金は顧客の側でもケースバイケース。前述の「Cariot」でも、客がＳＩＭもアプリもすべて自分で契約し、ハードウェアも買っているのであれば、従量課金は顧客のリスクになるが、サブスクリプションで提供しているとそうはいかない。

いま設定している月額料金ははたして適正なのか否か。もしかしたらＳＩＭの通話料がとんでもなく高い客かもしれない。あるいは驚くほど安い客かもしれない。そうしたケースを織り込みながら、原価が後から決まるリスクを事業の中にいかに取り込み吸収するか。メーカー側はそれを事前に考え、決定しなければならないのだ。

さらに、料金の計算だけでなく、ＩｏＴを実現する際に活用されるＳＩＭカードとそれに伴う通信量の管理も煩雑だ。１０００個のセンサーを設置すれば、１０００個のＳＩＭカードと個々の料金を管理しなければならず、設置後の交換や解約などの契約自体の管理も複雑きわまる。この煩雑さを受け入れる覚悟をするか、そうでなければシステムや仕組みに機能として取り込んでおく必要がある。

強いセールスチャネルを失ってはいけない

3つ目の課題がチャネルである。

このチャネルを使わずに直販にしてしまうと反発が起きる恐れがある、というのは先に述べたとおりだ。既存のチャネルを失うことのリスクは大きい。強いセールスの柱を失うことになるからだ。

では、販社や代理店といったチャネルを活かすサブスクリプションとはどのようなものなのか。どんな策を講じればいいのだろう。

それは、**代理店にサブスクリプションを管理できるツールを持たせる**ことだ。これまでは、日本企業は個社対応の商習慣の中で、主に営業マンというタッチポイントを介しながら本質的にサブスクリプションの要素を持っていた一方で、タッチポイントのデジタル化などへの考慮が不足しており、日本のサブスクリプションのほとんどは、SMARTの「M」（相互性）が欠けたサービスしか設計されていなかった。

モノを作って、出荷して、利用者のもとにデリバリーし、その後は知らぬ存ぜぬ。顧客

サブスクリプション化の目的と課題③

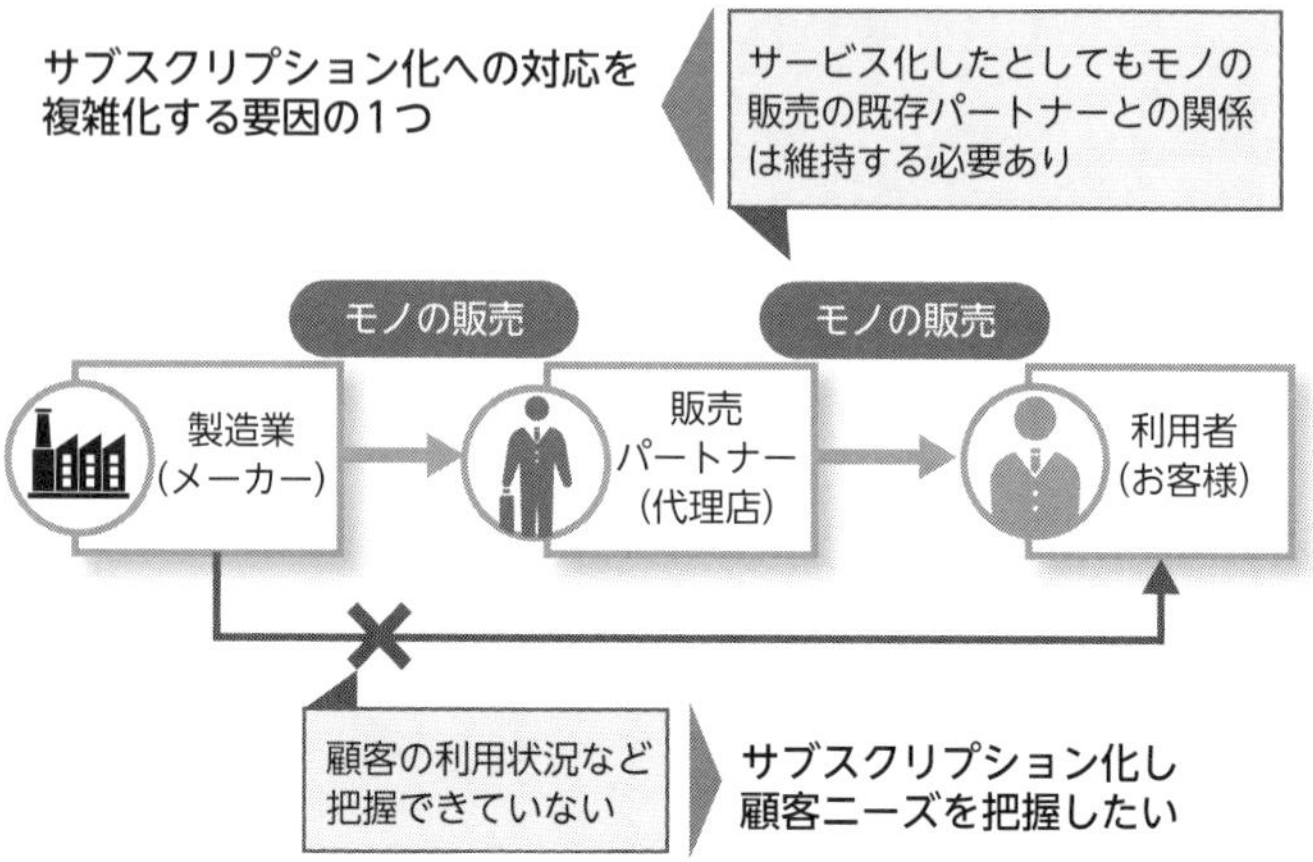

が実際にどう使うのか、いかに使うのかについてメーカーはいっさい知らないままで、顧客からのトリガーもないという一方的なモデルだった。

だが、これからのサブスクリプションには双方向性が求められる。双方向性があるということは、顧客側が自ら契約を変更する可能性があるということだ。その場合、一方向しか考えていないシステムでは対応できない。この問題を解決するには、エコシステム全体でサブスクリプションの契約を知ることができる体制を作ることだ。当該の企業だけでなく、パートナー企業も含めたサプライチェーン全体に適用する必要がある。

ここで提案したいのは**「サブスクリプ**

ションを卸し売る」という発想である。これまでは、製品をメーカーが販売代理店に卸し売り、販売代理店はそれを顧客に小売りしてきたが、これからは、メーカーが自社の製品を介したソリューション提供サービスをサブスクリプションに仕立てて販売代理店に卸し売る。そして販売代理店はそれを自社のサブスクリプション型サービスとして顧客に提供していく。

このときにサブスクリプション管理のツールがメーカーと販売代理店の間をつなぎ、それとミラーになったサブスクリプション管理のためのサブツールが販売代理店と顧客の間をつないでいく。その結果、**販売代理店を経由してメーカーと顧客とが双方向につながるエコシステム**が完成する。日本のBtoB企業のサブスクリプションはぜひこの姿を目指してもらいたい。

日本企業のBtoBの産業構造は複雑系で、それが強みともなっているが、サブスクリプションに着手して新たな価値を創出するSMART型のサブスクリプションを指向しようとするなら、いま挙げたような課題に向き合わなければならない。

率直にいって課題解決の難易度は高い。決して簡単ではない。

だが、解決策はある。自前で作る、完全にオーダーメイドするといった選択肢以外にも、標準化された外部の製品を選び、コストを抑え、導入までの期間を短縮化する選択肢も用意されている。

サブスクリプションビジネスの具体的な進め方

最後に、サブスクリプションの具体的な進め方について述べておきたい。

サブスクリプションビジネスを軌道に乗せるためには、何よりもまず「顧客との継続的な関係を担保する」というサブスクリプションの本質を理解することだ。その上で業界動向をリサーチし、業界においてサブスクリプションによる革新が進んでいるのかや、ゲームチェンジャーが外部から侵入してくる兆しがあるのか、を浮き彫りにしていく。つまり、サブスクリプションの観点から業界を俯瞰するのである（第2章参照）。

プロジェクトとしてサブスクリプションに取り組むのはそれからだ。プロジェクトチームを発足させ、スケジュールを策定し、目的を明確化し、何を（What）サブスクリプションビジネスの対象にするのかを明らかにする、といった進め方が多くの企業で違和感のないところだろう。

プロジェクトチームを組織していく上で、先例の成功に学ぶとすれば、**経営層のコミッ**

トメントへの割合を高めることが重要だ。経営層が深く関与するチームでなければプロジェクトを円滑に進めることも、価値のあるプロジェクトに育てることも難しい。

もちろん、先に記したとおり「まずできる最初の一歩」を踏み出すことが何より必要である。最初の一歩を次の一歩につなげる過程において徐々に思考が深まること、サブスクリプションの進化の道程は自社の中にあることを理解し、一点突破と大局観のバランスを取るという意味において、経営層の関与は不可欠である。

また、サブスクリプションが進化していく中で、日本企業が「コト売り」を検討する際には、製品を介して顧客にどのようなソリューションを提供していくのかを考えていく必要もある。なぜなら顧客は、製品を購入する意識から、製品を介したソリューション提供サービスを受けている意識、企業との深い関係性（エンゲージメント）が構築されている感覚に変化していくからだ。**顧客のこの意識を契約としてつなぎ止め、さらには顧客の変化の兆しを把握していく**ことは、サブスクリプションの本質にほかならない。

さらに、既存の基幹システムで管理対象としている情報と、サブスクリプションビジネスで管理したい「顧客」や「契約」という考え方が大きく異なっている点にも留意したい。既存の基幹システムが前提条件になるとしても、基幹システム自体を、既存ビジネスと思想の異なるサブスクリプションビジネスにも対応できるよう改修するのは相当ハードルが高いだろう。むしろ、サブスクリプションビジネス用のサブシステムを構築し、連携させたほうが投資額を抑えられ、準備期間も短くすむ。

こうした注意点を踏まえながら、どのような（How）アプローチによってサブスクリプションビジネスを実行するのか、その収益計画を策定していこう。サブスクリプションビジネスの収益構造は複雑になりがちで、獲得数や獲得コスト、単価、解約率といったパラメータから積み上げることがよく推奨される。だが、本書では既存のビジネスボリュームから、サブスクリプションビジネスで獲得する、あるいは移行させる総枠を概算して、総枠を達成するために必要なパラメータを算出することを推奨したい。具体的に言えば、サブスクリプションによって事業としてスタートさせ維持するために必要な売上高が定まったのなら、その売上高を達成するために必要な各種パラメータ（獲得数、単価、解約率など）を逆算的に計算していくのである。多種類の変数を仮定させる、積上げ型のアプローチから入ると、俗にいう「数字のお化け」が出やすく、その場合、結局そのズレは事業の実態に照らして吸収しなくてはならない。また、そもそもこの段階においては事業自体が試行錯誤の過程にあるはずであり、商品はさらに茫漠とした従たる存在なので、「考えている途中のフワッとした商品が作り上げてしまう全体」でなく、「求める全体を満たす商品がどうあるべきか」を考えないとうまく着地しないはずである。その後、次の段階の考察として顧客に対して新たな価値提案ができるのか。既存の商的流通をどうするのか。料率はどの程度を狙うのか、それがはたして可能なのか。販売代理店をパートナー化することで参入障壁の高いビジネスモデルを構築するのか。顧客単価はいくらに設定するのか。ＭＲＲ（月間経常収益）やＡＲＲ（年間経常収益）はどれぐらい積み上げられるのか。解約率の目標はどこに設定するのか。顧客への価値は継続して提供し続けられるのか。以上のような点を掘り下げていくのである。

当然のことながら、「顧客と担保された関係＝サブスクリプション」の内容は固定的なものとは限らない。提供側は定期的にサービスメニューの向上を図り、顧客に提案を行っていくこともできるので、ＳＭＡＲＴサブスクリプション型のビジネスモデルを構築する際には、例えば**契約内容は変更可能なものにすることを前提としておくべきであり、顧客側に設置された自社製品の稼働データをもとに常に改善提案を行い、サービスレベルの引き上げ（＝利益率の向上）を目指すべき**である。

その一方で、顧客側の事情で必要とするサービス量が変動する可能性もある。それをどこまで許容してサブスクリプションを設計するか、慎重に検討する必要があるだろう。

こうしたプロセスは決してたやすくはない。簡単には進まないはずだ。だが、残念ながら「進まない」という選択肢はかなりネガティブな判断になってしまうだろう。隣の誰かが、それを進めてしまうかもしれないからだ。

そうした場合、「顧客との継続的な関係が担保されている」というサブスクリプションの最大の特性が逆に作用し、巻き返しがかなり難しくなってしまう。結局、**「進む」のが唯一の道筋という新時代がじわじわと近づいている**。

サブスクリプションビジネスの本質を学び、自社の強みを知り、自社が抱える課題に真剣に向き合い、自分たちの解を見つけた先には、豊穣なマーケットが広がっている。複雑系を維持したまま、建設的なイノベーションで業界を革新する。エコシステムを応用しながら未来を拓く。日本のモノづくり企業はぜひ、自らの強みを維持したイノベーションを追求し、形にしてほしい。そのポテンシャルはすでに十分あるのだから。

第6章

事例編

SMART Subscription

確かな技術力を駆使して高品質な製品を開発し、顧客との継続的な関係を築き上げている日本の先進的なモノづくり企業は、すでにサブスクリプションビジネスに着手し、新規ビジネスの創出に向けて動き始めている。まだ少数派に過ぎないが、日本においても、新世代サブスクリプションのうねりが着実に高まっていることは確かだ。

そこで、この章では事例編として実際の企業の取組みをピックアップした。まず最初にコニカミノルタジャパンの「Workplace Hub」、次いでトヨタ自動車の「KINTO」、ＩｏＴ分野のリーディングカンパニーであるソラコムと明太子のふくや、サブスクリプションを知る上では欠かせないリース業界の事例として東京センチュリーの取組みを紹介する。

各社はなぜサブスクリプションに踏み出したのか。そして、いかにして自社の強みを活かし、サブスクリプションを推進して新しいビジネス価値を生み出しているのかにフォーカスしよう。

事例1

コニカミノルタジャパン

「Workplace Hub」の衝撃

コニカミノルタがカメラ事業から撤退してすでに10年以上が経過した。社名を聞いていまだにカメラを思い浮かべる人は少なくないようだが、すっぱりとカメラ事業から手を引いた後、コニカミノルタは**超グローバルなデジタルカンパニーに進化**を遂げている。

現在のコニカミノルタは複合機や商業・産業印刷機を中心に、ITソリューション、産業用インクジェット、医療向け製品（ヘルスケア）、計測機器なども手がけるメーカーだ。第4章でも触れたように、海外にも積極的に進出し、A3カラー複合機でも、カラーデジタル印刷機でも世界40カ国でトップクラスのシェアを持ち、ドイツではゼロックスを抜いてトップシェアを誇る。世界約150カ国にセールス／サービス体制を広げ、全従業員数は約4万4000人（連結子会社を含む）。顧客企業数は約200万社におよんでいる。

日本よりもむしろ欧米で知名度の高いグローバルカンパニーが満を持して発表し、話題を呼んでいるのが、「Workplace Hub」だ。2019年4月、国内事業会社のコニカミノルタジャパンは、日本独自の機能を搭載した「Workplace Hub」の発売を開始した。

この「Workplace Hub」とは、同社が独自で開発・構築した複合機とITサービスを統合したシステム基盤であり、従量課金、遠隔監視、遠隔保守、ストア機能などのシステムを搭載したプラットフォームだ。

わかりやすくいえば、**オフィスに設置されている複合機の上でアプリが稼働し、各種サービスを提供する**というもの。実際の利用回数などに応じて変動する月次の利用量にもとづいて、顧客とはサブスクリプション契約を結ぶシステムだ。

プラットフォームの上で稼働するのはコニカミノルタジャパンのアプリやサービスだけでない。むしろ、パートナー企業のアプリやサービスが中心だ。

「IaaS（Infrastructure as a Service）に近いといえるかもしれません。これまで弊社はメーカーとしての色が非常に強かったのですが、**ITの分野ではパートナー企業と協業でアプリケーションのラインナップを拡充**させていきます」（同社マーケティング本部オフィス事業統括部ITS事業企画部部長の綿貫一樹氏）

「Workplace Hub」プラットフォームに適合したハードウェア、アプリやサービスは

「Workplace Hub Platform Ready」と呼ばれている。コニカミノルタジャパンはオンプレミス（サーバーなどの情報システムを自社施設内に置き運用すること）でハードウェア（複合機）を提供し、その上で「Workplace Hub Platform Ready」を動かしていく。アプリはオンプレ型とクラウド型のハイブリッド。オンプレ型もクラウド型もシームレスで一括提供している。クラウド型のアプリも、コニカミノルタジャパンが持つビリングのシステムと合わせることで課金が可能になった。

どうしたら中小企業にＩＴを活用してもらえるのか

日本のＩＴ業界を見渡せば、サブスクリプションビジネスはまだスタートしたばかりだ。ソフトウェアメーカーが自社のソフトを月額課金するサブスクリプションが主流の中で、同社は自社製品ではなく他社製品を中心にラインナップし、その上で従量課金を実現した。いきなりサブスクリプションのゴールに到達したといってもいい。同社になぜそれができたのか。画期的な発想はどこからきたのだろう。

「私たち自身は、すごいソフトウェアのラインナップを持っているわけでもなければ、

Azure（マイクロソフトのクラウドプラットフォーム）のようなものを持っているわけでもない。では、**私たちの主要なお客様である中小企業にもっとITを活用してもらうためには何をすればいいのか**。それを起点に考えました。そうすると、お客様が使った分だけ課金する複合機は他社とはまったく違うモデルであり、ここを使って何をするかを追求していくべきだという結論に至ったのです」（綿貫氏）

中小企業にITをもっと活用してほしい。綿貫氏のこの思いは、**中小企業にほぼ共通する「悲しい現実」**に端を発している。

人手不足が叫ばれる昨今、とりわけ中小企業はその影響を強く受けている。独立行政法人中小企業基盤整備機構（中小機構）が2017年に実施したアンケート調査「人手不足に関する中小企業への影響と対応状況」によれば、人手不足を感じている企業は7割以上。半数以上が、「人手不足を深刻だ」と感じている。

人手不足を解決する効果的な方法の1つがITを活用することだが、中小企業は意外なほど、IT投資には消極的だ。中小企業庁が2017年に実施した調査「中小企業・小規模事業者のIT利用の状況及び課題について」を見てみよう。IT投資を行わない理由として、「ITを導入できる人材がいない」と回答したのは43・3%。「導入効果が分からない、評価できない」が39・8%に達していた。「コストが負担できない」も26・3%におよんでいる。

ＩＴ部門の実態も寂しい限りだ。社員数19人以下の小規模クラスの企業約１２０万社におけるＩＴ部門の規模は１人。ほぼ全員が他業務と兼任している。社員数20～２９９人の中小企業約17万社でもＩＴ部門の担当者は３人に過ぎない。その50％が他業務との兼任だ。要するに、中小企業のＩＴ担当者とは名ばかりで、実質は１名以下なのである。

ＩＴ投資を行ったほうが業績は良くなる

だからといって、中小企業がＩＴを不要だと考えているわけではない。

中小企業庁委託調査「中小企業の成長と投資行動に関するアンケート調査」（２０１５年、帝国データバンク）によれば、ＩＴ投資を行った企業のほうが売上高、経常利益率ともに高くなるというはっきりとした結果が出ている。営業力や販売力の強化、新規顧客や新市場の開拓につながり、ルーチン業務から脱し、作業の効率化や作業の正確性も向上する。**ＩＴ投資のメリットは明らか**だ。

だが、現実には人がいない。コストもそうかけられない。どのようにＩＴを活用すれば効果が上がるのかも評価できない。それが中小企業の現実だ。

　綿貫氏はいう。

「米国ではコンピュータができたとき、企業に戦略的に導入されましたが、日本には電卓の延長の電算機という扱いで入ってきた。要は事務機なんですね。そもそもの位置付けが違っていたわけです。そのため、単純作業をやっていた人たちにコンピュータを使わせようという発想で定着してしまった。実際の業務に直結するクリエイティブな分野に活用しようという方向にはならず、どれだけ早く処理をするかということに終始してしまったように思います。この文化がいまでも脈々と残っているため、とりわけ中小企業は業務に入り込んだＩＴが作れないところが多い。ただ、『ＩＴは要らないのか』と中小企業の方に聞くと、『いや、要るんです』とはいうんですね。こうした現実を前にした私たちの課題認識から生まれたのが『Workplace Hub』です」

ライセンスの手続きが必要ない

　では、「Workplace Hub」の何が中小企業のＩＴ化を促進するのだろう。

アマゾンやグーグル、ＩＢＭのクラウドサービスやＩｏＴサービスは、中小企業にとっては敷居が高い。そもそも活用できる人材が不足しているし、人材を確保できたとしても、決してコストパフォーマンスが高いとはいえない。

しかし、人材やコストが限られている現状の中で、データを収集しリアルタイムで分析ができて、なおかつ使いやすいプラットフォームがあればどうだろう。中小企業のＩＴ化は進んでいくはずだ。

また、利用可能なさまざまなアプリやサービスの保守サービスは遠隔で行われる。**顧客自身がなんらかの働きかけをする必要がないのも人材不足が深刻な中小企業向き**だ。

利用料も後払いですむ。すべての利用者が全機能を使える状態で導入し、実際に利用した処理量や対象数量に対してのみ課金される。

「Workplace Hub」の特徴をソフトのサブスクリプションと比べてみよう。ソフトのサブスクリプションは所有ではなく利用型だ。保守サービスも遠隔操作されるが、利用料については前払いが原則。追加ライセンスも事前申請が必要だ。

一方、「Workplace Hub」は、ライセンスに関する手続きはシンプルそのものだ。

「通常のＩＴの提供モデルでは、使うために事前にオーダーする必要があります。ライセンスの追加や部分解約したいときには別途オーダーしなければなりません。でも、中小企業で5人が使っていて、あと3人使いたいというときに、いちいちオーダーしなければならないのは不便ですよね。オーダーしたいのに営業がつかまらないとか、営業側の手続きの時間がかかってしまうと、使えない期間が生まれてしまう。ライセンスがないから仕事が忙しいのに手伝えないという話はよくありますが、それはロスでしかない。そうした不便を解消するために、『Workplace Hub』ではオーダーの手続きなしに使えるようにしました。**エンドユーザーは何の手間もなくアプリを使える**んです」（綿貫氏）

使っていなければ課金されない

ソフトを使用する時期には一般に波がある。ヘビーに使うときもあれば、ほとんど使わないときもある。**使っていないにもかかわらず、料金を払わなければならないのは無駄なコスト**そのもの。「Workplace Hub」はこの問題も解消している。

「使った分についてはこちらでデータを回すので、電気や水道、ガス代などの光熱費と同じように後で請求しますから、最初に包括契約をしてくださいという考え方に則《のっと》っています。その上で、使いたいときに使えないという事態を解消するために、手続きなしにラ

イセンスが追加できるようにして、使っていないときにはお金を取られることがないようにしました」（綿貫氏）

使った分だけの課金であれば、ピークを意識せず、常に最適なコストで運用が可能になる。必要とあればライセンスを増やし、不要であれば削除する。アプリを使わないときには料金は発生しない。無駄を省いたフェアでわかりやすい仕組みだ。

「**複合機がもともとそうしたビジネス**なんですね。基本料金はいただきますが、その基本料金で使った枚数分を課金させていただいている。紙代はいくら、インク代はいくら、メカ代はいくらなどという面倒くさいことをいわずに、1枚使ったらいくらという料金を設定しています。『Workplace Hub』はこれと同じ考え方です」（綿貫氏）

ゾンビライセンスの管理にも有効

いつのまにか使われないままのライセンスやソフトが増えていく。そんなゾンビライセンスを解消するためにも、「Workplace Hub」は有効だ。

従来の事前払い型のソフトの場合、顧客管理者が未使用ライセンスをしっかり管理していないと、未使用ライセンスまで請求に含まれることとなる。はたして、そのライセンスは使用中なのか、実際は未使用なのか。ゾンビライセンスが増えれば、管理者の負荷は重くなるばかりだ。

だが、従量課金の後払い型である「Workplace Hub」であれば、**未使用ライセンスは請求には含まれない**。

「実際に使っているのか使っていないのかは、私たちのビリングシステムとつながっていて、未使用であることをプラットフォームが自動検知することが可能です。ソフトウェアは使えば使うほど、どうしてもゾンビライセンスが増えていきます。人数はこれだけなのにライセンスだけが異常に多く、かといって解約していいのかどうかもわからないという事業者は少なくありません。これをやめましょうというのが私たちの提案です」(綿貫氏)

案件のスケジュールもスピーディに進む。ソフトを購入する場合、最初のステップは年間投資予算を検討することだが、従量課金型であれば、コストシミュレーションだけでいい。その後は、従量課金型サービスの予算を出して、アプリケーションの利用契約を結ぶだけだ。

初期投資を最小限に抑えるために小規模のフィールドテストを実施したり、フィールドテストの結果をレビューしたりといったプロセスも必要ない。追加ライセンスを購入する手間もいらず、全利用者で少しずつ使い始める形でサービスを開始できる。

16のパターンから課金モデルを選ぶ

ここで、「Workplace Hub」の課金の仕組みについて見ていきたい。

請求金額を算出するのはそう容易ではない。紙の枚数、アクセスしたユーザー数を掛算すればいい、という単純な話ではないからだ。仮に、1人が1日に100回使用して、100人とカウントされてしまえば大変だ。

「そうした事態を防ぐために、**計算のロジックを私たちが提供**しています。エクセルでいう関数のようなものを月次処理と日次処理として実行し、課金する仕組みがプラットフォームに組み込まれています。これがあることで、ベンダー側のアプリケーション自身がいちいち計算して課金情報を出す必要がない。アプリケーション自身がもともと持っているシステムログやイベントログを吐き出すだけでいいのです。私たちにログをいただければ、日次と月次ごとに、16のパターンの中からベンダー側があらかじめ選んだ計算式で課金計算します。なぜ、16ものパターンが必要かといえば、例えば、日次処理は最大値にするのか、平均値にするのか。月次処理は平均値にするのか、最大値にするのか。それとも、出現回数にするのか。これらのバリエーションによって、アプリケーションベンダー様のビジネスモデルがまったく異なってくるからです」（同社マーケティング本部オフィス事業統括部ＩＴＳ事業企画部の上田耕司氏）

個々に請求を出す機能については、複合機の基盤をそのまま活かし、今回、新規に開発したのはカウンター集計の部分だけ。メーターコネクターとギャザリングして、数量と単価を掛けて乗せていく設計だ。

「複合機には、毎月、変動して請求する仕組みがそもそもあります。そこにすとんと落とし込んだだけですね」（上田氏）

従量課金対応のアプリとしては、現時点（２０１９年8月）では複合機のカウンター集計が可能な資産管理アプリの「SKYSEA Client View」や、複数のクラウドアプリを統合して管理するシングルサインオン機能の「Soliton CloudConnector」、対象文書を素早く見つけることができる検索エンジンの「Smart Info Search」などが導入されている。また、コニカミノルタジャパンの自社製品である、会議室や施設の予約管理アプリの「FaciRiza」や複合機と連携して入ってきたデータを仕分けしストレージで保存するアプリの「仕分け名人」なども搭載された。

現在、交渉を重ねながら企画を進めている段階だが、ベンダーからの手応えは上々だ。「小さなスタートアップでやりたいというところは、直接のマーケティングはできないし、サイクルビリングすることも難しいので、いっしょに組んだほうが楽だといってくれるところが多いですね。アプリケーションの全ラインナップを弊社で用意することはまったく考えていないので、それも奏功しているのかもしれません」（綿貫氏）

クラウドサービスとのすみ分け

多くのＩＴサービスは、クラウド化が進んでいる。だが、コニカミノルタジャパンは、クラウドを否定しているわけではまったくない。

「当然クラウドに向いているアプリケーションも多いと思います。その意味で、『Workplace Hub』はクラウドサービスも対象にしていますし、今後もアプリケーションやサービスを拡充します。一方で、企業内にはクラウドに移行しきれない電子文書やアプリケーションなどのＩＴ資産が、まだまだ多く存在しています。特に中小企業では、〝まず、クラウドへ〟ではなく、**投資対効果の高いものから徐々にクラウドに移行すべき**と考

えています。このため、弊社としてはオンプレミスもクラウドも両方を対象にする必要があったのです」（綿貫氏）

オンプレミスに存在するNASサーバーなどは、コストと回線速度などの兼ね合いで、単純にクラウドストレージに移行できない企業も多い。「Workplace Hub」はこのような領域を狙っているともいえる。

「いずれ多くのアプリケーションがクラウドに移行するでしょう。このときオンプレミスの環境には違った役割があるはずです。例えばIoTのエッジとして、CPUやHDDを一次処理として必要とするものが出てくるでしょう。『Workplace Hub』の形態は、そういう意味で進化していきます」（綿貫氏）

小回りが利くアプリ導入も計画

中小企業のIT化を推進し、人材価値を高めて、新しい働き方を実践してもらいたい。そうした社会問題を解決する1つの道筋として「Workplace Hub」は誕生した。

ターゲットの中小企業の反応はどうなのだろう。まだ東京限定で小さくテストマーケティングを行っているに過ぎないが、感触は良好だ。

「弊社では、『いいじかん設計』として、単純作業の時間を減らして、創造の時間を増やし、さらにプライベートの時間も確保しようとする働き方改革を推進しています。お客様にも『働き方改革でお困りのことはありませんか』とアプローチしていますが、その中で、『人手不足などのお困りごとを働き方改革として解決しませんか』と提案すると熱心に耳を傾けてくれますね。『Workplace Hub』に結びつかなくても他のITサービスにつながるケースは多いです」（マーケティング本部オフィス事業統括部ITS事業企画部担当課長の弓場愛子氏）

今後の課題としては、**中小企業が業務へのIT活用をイメージしやすい小回りが利くアプリを増やす**こと。ある程度、ITに触れている人であれば、どうITを使えば業務が効率化できるかというイメージを持ちやすいが、中小企業にはそうした人材が不足、もしくは不在のケースも多い。

「まず、認証周りだったり、セキュリティ関連のコアになるインフラの機能をベースに用意しましたが、次のステップでは業種に特化したアプリや教育関連などを揃えていく計画です。複合機とサーバーの機能が一体になっているので、アプリを使ったらそのまま印刷して皆に配るとか、iPadでシフト表を見られるようにするといった形も検討してい

ます」（綿貫氏）

まだ「Workplace Hub」は緒についたばかりだが、製造業としてのベースや強みを活かしたサブスクリプションで新しいビジネス価値を生み出すことに成功した。**日本の製造業らしいSMARTサブスクリプションがここに出現した**と見るべきだろう。

事例2

「KINTO」

クルマ業界だけがビジネスモデルが変わっていない

メーカーはいま真剣にモノ売りからコト売りに転じようとしている——。産業界全体を覆う潮流をインパクトを持って多くの日本人に知らしめたのが、2019年にスタートしたトヨタ自動車の「KINTO」（キント）だ。

『西遊記』に登場する孫悟空が乗る筋斗雲《きんとうん》からネーミングされたという「KINTO」は、月定額で一定期間、トヨタの新車を利用できるサービス。孫悟空が筋斗雲を駆使して空を自由に動き回るように、クルマを自在に乗り換えて「クルマのある生活」を楽しんでほしい。そんな願いが込められたサブスクリプションは2月から東京都内で試験的に開始され、7月から対象地域が一気に拡大している。

運営するのは、トヨタファイナンシャルサービス、住友商事、三井住友フィナンシャルグループ、住友三井オートサービスの4社の合弁会社であるKINTOだ。

同社の副社長執行役員兼企画部部長を務める本條聡氏はいう。

「他の産業界を見ると、どこもビジネスモデルが著しく変化しています。しかし、クルマ業界だけはいまだに売り方が変わっていない。かつて年間約800万台近くあった**新車の国内販売台数が現在では半数近くに落ちているにもかかわらず、ビジネスモデルは以前のままま**です。リースやレンタカー、カーシェアという選択肢はありますが、いまこそクルマの売り方を変革し、クルマとのつき合い方の意識を変えていかなければならない。そんな問題意識から、トヨタ自動車と住友商事が構想からわずか1年で会社を立ち上げ、サービスを開始しました」

駐車場と燃料代以外はすべて込み

なぜ「KINTO」が画期的なのか。

クルマを持とうとすると、車両代がかかるだけでなく、さまざまな煩雑な手続きを経なければならない。ざっとその内容を挙げてみよう。

登録手続きに始まり、保管場所証明（車庫証明）申請、各種税金の申告と続く。さらには、検査登録手数料や保管場所証明申請手数料、保管場所標章交付手数料、自動車税、自動車取得税、自動車重量税を支払わなければならない。駐車場を確保し、自賠責保険や任意保険にも加入する必要がある。

クルマのランニングコストも安くはない。各種税金やメンテナンス費用を含めると、年間数十万円もの出費が必要だ。

「KINTO」は、このうち駐車場と燃料代をのぞいて、車両代、登録時の諸費用／税金、メンテナンス、自賠責保険、任意保険、自動車税を**すべてパッケージ化**している。

同社企画部主任の曽根原由梨氏はいう。

「クルマの価格は販売店ごとに異なるため、これまではクルマを持とうとすると、複数の販売店を回って価格の交渉をして、悩みに悩んで最終的にどこで買うかを決断するという方が多かった。契約に至るまで、ずいぶん時間がかかっていたと思います。でも、『KINTO』なら、そうした煩わしさはありません。どのトヨタ販売店やレクサス販売店に行ってもワンプライスが徹底されているので、簡単に申し込んでいただけます」

もう頭金をどう捻出し、ローンをどう組み立てるかについて頭を悩ませる必要もない。面倒な手続きからは解放される。クルマのある生活へのハードルを一気に下げるサービスが登場したといえる。

定期点検についても販売店から連絡が入る仕組みだ。「そろそろエンジンオイルを替えたほうがいいですよ」、「1年が経過したので、安全装備に問題がないかそろそろ点検をしませんか」。販売店の機能を活かしたきめの細かいサービスが実施されている。

なぜ「KINTO ONE」は3年設定なのか

「KINTO」には、2つの商品が用意されている。1つは、半年ごとにレクサスの新車を利用できる「KINTO SELECT」。こちらの利用料金は、月額20万円弱（税込）。高額ではあるが、半年ごとに新車のレクサスに乗り換えられるサービスはレクサスファンにはこたえられない設計だろう。

もう1つは、『アクア』『プリウス』『アルファード』『ヴェルファイア』『クラウン』などから車種を選択し、3年間乗る「KINTO ONE」。価格は月額約4万~10万円（税込）。オプションとして、4WD設定（アクアを除く）や寒冷地仕様などを追加している。

ここで、注目したいのが「KINTO ONE」の乗り換え期間3年という設定だ。「KINTO SELECT」が半年設定なのは理解できる。6カ月ごとの新しいレクサス体験は、カーマニアに強烈にアピールすることは想像に難くない。実際、熱狂的なファンから好評を博しているという。

では、なぜ「KINTO ONE」は2年や5年ではなく、3年の設定なのか。曽根原氏はいう。

「**おおよそ3年でライフスタイルが変化することが多い**ためです。例えば、お子さんがいらっしゃる家庭では、お子さんの成長に合わせてクルマを選ぶ必要に迫られます。小さい頃ならスライドドアのクルマがいいでしょうし、少し大きくなって小学生になったらちょっと大きいクルマに乗り換えて、ジュニアシートにしたくなる。さらに大きくなればまた別の選択肢が求められるでしょう。だいたい3年でライフスタイルが移り変わることを想定し、我慢をせずに、その段階で最適なクルマを選んでいただけるような設定にしました」

ライフスタイルに合わせてクルマを利用するなら、レンタカーやカーシェアといった選択肢もある。だが、「KINTO」にはそれらにないアドバンテージがあると曽根原氏は指摘する。

「カーシェアやレンタカーの場合、どこにでも店があるわけではありません。利用できる場所が限られます。また、チャイルドシートを利用できるクルマもそう多くはありませんよね。日本人はもったいない精神が染みついているのか、買ったモノを非常に大事にします。それはそれで良いことですが、古いクルマを我慢して9年乗り続けることでストレスを感じているかもしれません。『KINTO』に一度入ってしまえばそういうストレスから解放される（笑）。約3年ごとに変わるお子さんの成長やライフスタイルの変化に合わせて自由にクルマを選んでほしいですね」

長期間のクルマ利用者に新たな選択肢を提供

「KINTO」は、カーシェアやレンタカーと比較されることが多いが、実際には長期間にわたってクルマを利用したい人に新たな選択肢を提供している。

曽根原氏が指摘したように、日本では古いクルマを我慢しながら乗り続けるという人が少なくない。乗れるうちは乗っておきたい、買い換えるのはもったいないという「もったいない文化」の発動だ。

だが、クルマは年々著しい進化を遂げている。クルマの安全性能がどれだけ向上しているのか。それは、データを見れば明らかだ。

日本の交通事故発生件数は、95万2720件を記録した2004年をピークに減少を続け、現在は50万件を切っている。過去に1万人超を記録していた年間死亡者数も下降傾向にあり、いまや4000人以下に減少した。

交通事故がこれだけ顕著に減ったのは、人々の安全意識に加えて、クルマの安全性能が大きく向上したからだ。と同時に、クルマの耐久性も上がっている。

「買ったら長持ちするんですね（笑）。だから、いままで5年ごとに買い換えていたという方でも、10年持つから10年乗ってしまおうと考える。それが現実に可能だからです。とはいえ、10年前のクルマといまのクルマを比べると、移動するだけなら何も問題はありませんが、安全性能や環境性能についていえば大きな違いがあります。**クルマの機能は飛躍的に上がっていますから、私たちとしてはやはり最新の装備がついたクルマを使いやすい状態で乗っていただきたい**と考えています」（曽根原氏）

レンタカーやカーシェアは必要なときに必要なだけクルマを利用できるサービスだ。利用者が求めているのは、どちらかといえば「移動の足」であって、「クルマのある生活」ではない。

対して、「KINTO」は常にクルマがそばにある便利な生活を提案している。クルマを持ちたいが、初期費用がかかる。ライフスタイルの変化に合わせて車種を変えたいが、諸々の手続きが面倒だ。そうした「クルマ所有派」の不満や不便を解消し、**トヨタのクルマを販売するのではなく、トヨタのクルマに乗るという「コト」を提供**しているのが「KINTO」。長期間での利用を前提にしながら、3年後にクルマを乗り換えるか返却するサービスだ。

シニア層からの思わぬ反応

「KINTO」がサービスを開始してからすでに数カ月が経過した。この間、さまざまな発見があったという。

1つは、シニア層からの反応だ。

「当初は、若い世代に刺さるサービスではないかと考えていましたが、いざふたをあけると、シニア層からの反応も良かった。最新のクルマに乗りたいというニーズはシニア層においても強いですね。特に販売店においてはシニア層の反応が高いです。これまでシニア層は、あと何年クルマに乗れるかわからないと考えて、古いクルマにそのまま乗り続けるという方が多かったんですね。お子さんからも『いまさら新車を買っても、何年使うのかわからないじゃないか』といわれることも珍しくありません。しかし、むしろ**シニアの方こそ、安全装置がフルでついている最新のクルマに乗っていただきたい**。『KINTO』なら新しいクルマを利用できて、いざとなれば解約できますから」（本條氏）

人生には予期せぬさまざまなことが起きる。体力や認知面での衰えを感じて免許を返納せざるを得ないという事態もいつかは起こりうる。海外赴任も予期せぬ変化の1つだろう。「KINTO」では、海外勤務や免許返納の場合には解約料が発生せず、途中解約できる*。ライフスタイルの変化に合わせてクルマを使うもよし、使わない選択もあり。サブスクリプションのメリットだ。

これまで表面化していなかった潜在ニーズの開拓も進んでいる。

「日本には車検という制度があるため、新車なら3年後、その後は2年ごとに車検が必要になります。そのタイミングで一時的な出費をするか、思い切って買い換えるかという判断をされる方が多かったと思うのですが、『KINTO』では、買い換え時期をあまり意識せず、乗り換えという便利なサービスがあるのならそれを利用して、最新のクルマに乗ってみようかと考える方が少なからずいらっしゃいます」（本條氏）

車検の時期と関係なく、乗るクルマを変える。「KINTO」はクルマに対する価値観を変えつつあるようだ。

*車両返却時の査定（内外装、走行距離）に基づき、特約精算金が発生する場合もある。

販売店網をどう活かす

トヨタ自動車の豊田章男社長は、2018年の「CES（Consumer Electronics Show）」のプレスカンファレンスで、「モビリティ・カンパニーへと変革することを決意しました」と宣言した。「KINTO」がその取組みの一環であることはいうまでもない。

本條氏はいう。

「クルマ業界は言葉を選ばずにいうと、いいクルマを作ったら売れるはずだ、お客様にも満足していただけるはずだ、という発想が濃厚でした。しかし、これからはお客様が何をしたいのか、クルマとどうつき合いたいのかというお客様目線で臨まなければならない。今回、『KINTO』のような新しいクルマの利用方法にチャレンジしたのもその1つです。さらに、サブスクリプションで月定額、3年ごとに好きなクルマに乗るというビジネスモデルに続く商品も考えて提供していかなければなりません。クルマ以外の乗り物のこともあるでしょうし、クルマについてももう少しいろいろなパターンでの提供の仕方があるはずです。ナビの更新など、ユーザーインターフェースの機能をOTAアップデート

（無線ネットワークを経由してアップデートすること）するのは比較的やりやすいでしょう」

話題のサブスクリプションの多くは、インターネットだけですべての手続きが完了するものがほとんどだが、**「KINTO」は客との接点としてトヨタの販売店をそのまま温存して**いる。インターネットから申し込んでもいいし、販売店に出かけて店頭で申し込んでもいい。この販売網はレガシーの仕組みだが、地元に根づき、地域の顧客と強い結びつきを持つ販売店の強みを活かした試みも考えられる。

「いささか夢みたいな話ですが、これからはクルマとのつき合い方が生活の一部になり、自分の役に立つサポーターや仲間のような位置付けになるのではないかと考えています。交通の便が悪い場所にいらっしゃるお客様については、小型EV車やシニアカーなど次世代のモビリティの提案をしていきたいし、都市部では賃貸物件とセットでクルマを提供する、あるいは駐車場とセットにした商品を開発するのもいいかもしれません。都市部では駐車場を探すのがまず大変ですから。私たちはずっとクルマを販売してきていながら、お客様のニーズと乖離したまま、守られた世界でいたようにも感じています。これからは、**お客様のニーズに寄り添ってマッチングできるサービス、一人ひとりに合った提案をしていきたい**ですね」（曽根原氏）

「KINTO」は国内のみにとどまるサービスではない。国によって異なるクルマに対する価値観や文化、ニーズ、成熟度を反映させていく方針だという。日本では販売店網を活かした地域貢献型のビジネスを指向しながら、そして世界ではその国の事情にあった形態を模索しながら、「KINTO」のチャレンジはいま始まったばかりだ。

事例3 ソラコム

明太子のある暮らしを実現するサブスクリプション

ソラコムは、ＩｏＴ開発の通信プラットフォーム「SORACOM」を提供するリーディングカンパニーだ。事例４で紹介するＩｏＴソリューションをサブスクリプションで提供するサブスクリプション・マーケットプレイス「IoT SELECTION connected with

SORACOM」では、ソラコムが自身のパートナーエコシステムの中から、提供するIoTソリューションを選定している。

そのソラコムが「明太子のサブスクリプション」という世にも楽しいサービスをスタートした。といっても、当該サービスの事業者はソラコムではなく、福岡市博多に本店を構える明太子の大手メーカーのふくや。明太子自動配送サービス「ふくやIoT」の**IoT向け通信回線をはじめ、データ収集や見える化などのソリューションを提供**しているのがソラコムだ。

「ふくやIoT」(2019年7月現在、九州エリア限定でのサービス提供)は発表が2019年4月1日だったため、エイプリルフールのネタと勘違いした人も多かったようだが、嘘偽りなく、ふくやが開始した本当のビジネス。明太子の残量を重さで検知し、それにあわせて明太子が自動発注されるサービスだ。

仕組みはこうだ。冷蔵庫内に設置された「ふくやIoT」内部に明太子トレイを収納すると、内蔵の重量センサーが計測した日々の消費量データがLTE回線を通じてふくやに自動的に送信される。送られたデータをもとに、ふくやは今後の消費量を予測。明太子がなくなる前にお客様の登録した住所に明太子を配送し、「つねに冷蔵庫に明太子のある暮らし」を提供している。

ＩｏＴが日々の生活の中に入り込んできた

ソラコムはＩｏＴのＳＩＭを提供しているが、産業界では活用されていても、私たちの暮らしの中で認識される機会はまだそれほど多くはない。ＩｏＴ化が進めば人々の生活が変わるとされながらも、消費者の間では生活が変わったという実感がほとんどない、というのが多くの人の実感だろう。

そこに一石を投じたのがこの「ふくやＩｏＴ」だ。着想のきっかけは、ふくやの社長の自宅を友人が訪れたとき、たまたま明太子を切らしていた出来事だったという。冷蔵庫に必ずあるはずだった明太子がない！　そんな「悲劇的な事象」を防ぐために、明太子を自動発注できる仕組みができないものか。ちょっとした思いつきが、ソラコムのサービスと一体となって「ふくやＩｏＴ」として具現化した。**ＩｏＴが、日々の生活の中に入り込んできたユニークな事例**だ。

このシステムは、よくある頒布会の仕組みとも性質が異なる。頒布会は、モノが一定期間で自動的に届けられるため、時と場合によってはモノの在庫を予定以上に持たざるを得ないことがある。対して、「ふくやＩｏＴ」はどうだろう。消費量が少なければ、次の明太子が届くのが遅れ、早く消費すれば早く届くだけだ。必要なときに必要なモノが届けば、在庫のためのスペースを空けておく必要はない。

従量制のゼロクリックサブスクリプション

サブスクリプションを成功させるには2つの道筋がある。1つは、連続性を意図的に上げてばんばん注文してもらう能動的な注文。もう1つは、気がつかなかったけれどいつのまにか注文していたという受動的な注文だ。

「ふくやＩｏＴ」は明らかに後者。ユーザーは特に何かアクションを起こすわけではない。サブスクリプションの契約をしていたことも、次にいつ明太子を注文すべきかについてもまったく考えることなく、日常的に明太子を食べていると、食べきる前に次の発注がなされて、新鮮な明太子がピッタリのタイミングで届く。ユーザーが注文ページをクリックすることなく発注されるゼロクリックサブスクリプションだ。

このゼロクリックサブスクリプション自体はそう珍しくない。だが、これまでのゼロクリックサブスクリプションは定額課金が定番だった。月額800円のネットフリックスを一度申し込めば、解約するまでは毎月課金されるパターンである。

現在の「ふくやIoT」は、11回分を事前に一括支払いするシステムだが、これが従量課金になると、利用した月は料金がかかり、利用していない月は最小限の料金で継続できる。ユーザーにとっても、支払いとともにサブスクリプション利用を思い出せるメリットがある。

米国では、自宅のプールの水質を自動計測し、洗浄薬液を自動で投入するサービスが人気を得ているという。州によっては、プールの水質を保つ基準が設けられているため、プールの横に専用の薬液が入った機械を設置し、薬液がなくなったら薬液を発注するというサブスクリプションだ。

これもまたゼロクリックサブスクリプションの一種。今後、IoTでさまざまなモノがつながり、リアルタイムで利用状況がわかるようになることで、BtoCの世界だけではなく、BtoBの世界でもこうしたゼロクリックサブスクリプションが適用されるかもしれない。

事例4 東京センチュリー

サブスクリプションへの取組み事例として、次はリース会社を見てみよう。

リース会社の機能の1つに販売金融がある。従来からメーカーが製品を販売する際には、顧客に製品をファイナンスとセットで提供することが多かったが、このファイナンスの機能を担ってきたのがリース会社である。そのため多くのメーカーが自前のリース会社を設立してきた経緯もある。つまりリース会社はメーカーや販売代理店、ディーラーなどに寄り添う形で製品の販売に貢献してきたのである。

ただメーカーがビジネスモデルを変革させて、単なる製品の販売から、製品を介したソリューション提供サービス、すなわちサブスクリプションに移行していく際には、リース会社の役割や機能はどのように変化していくのだろうか。

この点を強く意識して、リース業界でいち早く行動を開始したのが、東京センチュリー会社だ。

京センチュリーは、国内外のパートナー企業との強力なネットワークを構築しており、規制に縛られない自由な経営環境を活かし、航空機事業や太陽光、バイオマス・バイオガス発電事業、ロボットレンタル事業といった、リースや金融の枠にとらわれない、成長性の高い事業に注力していることで市場から高い評価を受けている大手総合リース会社だ。

その東京センチュリーが、２０１７年10月に、**サブスクリプション・コマースのための総合プラットフォームシステムを開発・提供するビープラッツ株式会社と業務提携することで、サブスクリプション事業に本格的に参入**を果たしている。その狙いについて、東京センチュリーは同社のニュース・リリースで以下のとおりに説明している。

《ＩｏＴ時代の本格的到来を迎え、全ての「モノ」のデジタル化が急速に進み、利用状況を動作（トランザクション）や時間単位で把握しデータ変換することが可能になってきたことに伴い、リース・レンタル商品においても、従来からの「モノ」の定額料金による賃貸に加え、「コト（使用価値サービス）」の利用・時間単位での従量課金（サブスクリプション）による提供に対するマーケットニーズが、今後高まっていくものと想定されています。

ビープラッツのサブスクリプション・プラットフォームは、ＩｏＴの活用により可能となった「モノ」の利用状況のデータを可視化したうえ、課金、請求、取引管理を行う事業基盤をクラウドサービスにて提供するものです。お客さまの既存システムとの連携が可能であり、多様化する決済サービスや多言語にも対応しています。

当社は、ビープラッツのサブスクリプション機能を取り入れたプラットフォームを活用し、当社のお客さまとの共同事業への取組みを推進していく方針です。具体的には、システム初期投資に対するファイナンスなどの金融サービス、および、プラットフォームを活用するお客さまへのトランザクション課金に対応した仕組みの提供などの実現に貢献していきます。本提携を通じて、「サービス」をキーワードとする競争優位なビジネスを拡大し、グローバルな展開をも視野に入れた顧客ニーズの発掘に一層取り組んでまいります。

（中略）

今般、ＩｏＴを活用した先進的なビジネスモデルを創出することにより、有力パートナーとの共創ビジネスによる新たなサービスの推進や、お客さまのニーズ・期待に対応し、更なる成長を目指して参ります》

同社が先んじて新しい事業モデル構築に動いたのは強烈な危機意識からだ。いまメーカーはモノ売りからコト売りへと売り方を転じようとしている。ビジネスモデルが抜本的に変わろうとしているときに、リース会社が古典的なリースだけに甘んじていていいのか。**メーカーが変わるなら、そこに寄り添うリース会社も変わる必要がある**のではないか。その問題意識が同社の姿勢を変えたという。この点について、同社の取締役常務執行役員の成瀬明弘氏は次のように語っている。

「メーカーが自社の製品を売り切るのではなく、お客様に製品を介してサービスを提供して、その対価を得るとなれば、これはもう事業です。しかし、製品を自社のバランスシートに抱えたままでこうした事業モデルを組むことはメーカーの本業ではない。そこにリース会社の出番があります。ただし、それはもうリースというよりも、メーカーと私たちとが事業リスクをシェアした形で提供する新しいサービスといったほうがいいでしょう。私たちがプラットフォームなりサービス機能やファイナンス機能をパッケージで提供するので、この上でメーカーには私たちと新たなビジネスモデルを構築してほしい。お客様が自由に契約をオン、オフできるにしても、基本的には長期間の契約でつながっていて、サービスを提供した分だけお支払いくださいという新しいビジネスモデルは、従来のリースやレンタルとは異なった形態で、これこそがサブスクリプションだと考えています」

BtoBにはサブスクリプションの素地がある

東京センチュリーの成瀬氏はさらに、サブスクリプションにトランスフォームしやすいBtoBの世界の特徴を次のように指摘する。

「BtoBの世界では、メーカーと顧客との関係性が非常に密で、顧客ごとに設定された取引条件で製品を提供することは決して珍しくありません。営業マンが非常に手厚く顧客をフォローし、**本質的にはソリューション提供に近いサービスをすでに提供している**企業が多いんです。また、**顧客の立場に立って全体最適化の提案型の営業**を行っているケースもよく見かけます。例えば、コピー機メーカーであれば、フロアの人数や動線を考慮した上で適切なコピー機の台数を提案し、ときには台数を減らす提案をすることもありますよ。本来であればコピー機を多く導入してもらったほうが営業面ではプラスであるにもかかわらず、台数が少なくてもいいから、いろいろなサービスを付加し、ランニングコストやメンテナンス費で収益を上げようという発想が素地として備わっているんですね」

サブスクリプションに移行しやすいというアドバンテージを活かして、今後、BtoBでサブスクリプションに取り組む企業が増えていくことが予想されるが、そのときには間違いなくリース会社が存在感を増していくはずだ。

というのも、顧客と継続的につながる関係を重視しながらも、毎月、薄いサービス料が入ってくるよりは、できればモノを売り切って一括で売上を上げたいという企業側のニーズが依然として強いからだ。それを可能にするのはリース会社の存在が不可欠だ。

「ただし、リース会社はモノを買い取って所有することはできても、サービス提供をする力はない。サービス提供しただけ従量課金で請求、回収する業務は私たちが担って、他のサービスはメーカーにお願いする。そんな**メーカーとの二人三脚が欠かせません**。最後にモノを回収する場合、例えばリファービッシュして再び新しいサブスクリプションに回すというときにはメーカーに見てもらい、製品保証をしてもらわなければならない。メーカーとのパートナーシップがますます重要になってくるでしょう」(成瀬氏)

マネタイズの弱さと自前主義がネックに

日本の製造業がサブスクリプションを進めていく上では課題も多い。成瀬氏はポテンシャルを感じると同時に、解決すべき問題点もあるとしている。

「工作機械を例に挙げましょう。実はすでにＩｏＴで顧客とつながっているところが多いんです。あるいはつなごうと思えばいつでもつなげられる機能が工作機械に組み込まれているんですね。必要なデータを収集したり、機械の動かし方を点検したりして、こうすれば故障を防げるという故障予知的な取組みも進んでいます。しかし、残念なことに、マネタイズができていない。自らがすでに備えている機能を付加価値として打ち出すとか、対価をしっかりと得るというビジネスに結びついていません。結局、売りっぱなしで終わっています。顧客側からデータを取って解析したり、必要なソフトを必要に応じてダウンロードできる仕組みが整っているにもかかわらず、売り切りのビジネスに終始しているんですよ。いまのままでは、**メーカーが一番望んでいる『顧客と常につながっている状態』はなかなか実現が難しい**でしょう」

メーカーの自前主義もボトルネックになっている。モノ売りからコト売りに転じ、サブスクリプションをスタートしようと検討する際、必要なシステムを自社で作るという内製化指向がいまだに強いのだ。

「既成の優れたプラットフォームを紹介しても、『これぐらいだったら自分たちで作れそうだ』といわれることも少なくない。なぜかといえば、日本のメーカーの多くはいまでもシステムは自前で作るもの、自分たちの勘定系の中でやりたいという意識が抜けないからです。旧態依然の営業スタイルとこうした自前主義が、サブスクリプションの足かせになっているケースは多いかと思います」

そうした問題点はありながらも、成瀬氏は今後、サブスクリプションへと舵を切る企業が一気に増えてくると見ている。

「メーカーがいま一番強く指向しているのは顧客とつながることです。オフバランスとかオンバランスといった会計上の要因よりも何よりも、お客様とつながることを追い求めている。まさにサブスクリプションの出番でしょう」

日本でBtoBのサブスクリプションが胎動し、大きなうねりへと転じていくその過程で東京センチュリーがどのような役割を果たしていくのか、興味はつきない。

「IoT SELECTION」が期待を集めている

さて、次のサービスをご覧になって、その共通点は何かおわかりであろうか。

- 温室向け環境モニタリングサービス「あぐりログ」
- リアルタイム車両管理「Cariot」
- 音声翻訳機「POCKETALK」
- トイレ満空表示サービス「Air STATUS for SWITCHSTRIKE Air」
- センサー×ＡＩ見守り「LiveConnect Facility」
- 画像監視サービス「MMsmartMonitor」
- リアルタイム所在管理システム「CloudGPS」
- 排尿リズムの見える化を実現するウェアラブルデバイス「DFree」
- スマートファクトリー向けのセンサーデバイス、積層信号灯監視「SigTIA」
- 屋外向け遠隔監視カメラソリューション「@Rec-cam」
- 高機能モバイルＰＯＳ「Loyverse POS」

正解はいずれも**ＩｏＴを活用したソリューション提供型サービス**であり、社会的な課題やニーズに真正面から取り組むものである。そしてこれらはいずれも「IoT SELECTION connected with SORACOM（以下、IoT SELECTION）」を通じてサービスの提供を受けることができる。

ＩｏＴを活用し、業務の効率化やサービスの改善、競争力の強化などを実現したいと考えている企業は多い。しかし、ＩｏＴ導入の技術的な難しさや導入コストの高さ、手間の多さなどから二の足を踏んでいる企業は少なくないだろう。

そうしたＩｏＴ導入のさまざまな課題を解消するものとして、この「IoT SELECTION」が期待を集めている。東京センチュリーが、ＩｏＴソリューションを提供するサービスプロバイダーのソラコム、サブスクリプション統合ツールを開発提供しているビープラッツと協業して立ち上げたマーケットプレイスだ。企業が「IoT SELECTION」のウェブサイトから、必要なＩｏＴソリューションを選択して、サブスクリプション契約で導入できるというものである。

いずれも実務レベルで実績のあるＩｏＴソリューションばかり。しかも、**デバイス、通信、アプリサービスがパッケージ化されているため、すぐに利用を開始できる**のが大きな特徴だ。サブスクリプション契約のため、月額課金で導入費用も抑えられることから、大企業だけでなく中堅、中小企業も利用しやすい。また期限を区切って数カ月だけテスト的にサービスを利用することも可能である。

デジタルビジネスにいち早く力を入れてきた東京センチュリー

このような新しいサービスを、なぜリースビジネスを主力とする東京センチュリーが始めたのか。この問いに、前出の成瀬氏はこう答える。

「当社はいま、サブスクリプション事業を強力に推進しています。お客様に対し、全社を挙げてサブスクリプションでビジネスモデルを変革することを提案しているのです。IoTは、世の中を変革するとともに、サブスクリプションを進化させる力を持っています。しかも**サブスクリプションには、リースビジネスの新しい可能性を開く力**がある。IoTを導入したいと考えながらも、アセットは持ちたくないと考える企業が多くあり、アセットはリース会社に持ってほしいというニーズがあるのです。その点はもともと当社の得意とするところであり、そういった意味でサブスクリプションとリースは親和性が高いと考えています」

リース会社の中でも、いち早くデジタルビジネスに力を入れてきた東京センチュリーならではの強みも影響している。同社情報機器第二部デジタルビジネスグループ次長の森島隆弘氏は話す。

「当社は、1980年代からコンピュータなどの情報通信機器を取り扱ってきました。国内リース事業分野にはIT専門部隊もおり、IT系ビジネスをされているお客様と交渉する機会も多いので、IT言語に強い営業も育ててきました。もちろん市場やお客様の変化に適応するように、技術や知識も進化させ続けています。そうした積み重ねがあったからこそ、今回の協業が実現できたのです」

そうして実現した「IoT SELECTION」には、企業の業務改善やビジネスモデル転換に有効なIoTソリューションがそろえられている。例えばコスト削減に有効な高機能モバイルPOS「Loyverse POS」は、タブレットで販売や在庫管理ができ、クレジットカード決済だけでなく軽減税率にも対応している。また温室向け環境モニタリングサービス「あぐりログ」は、施設野菜の生産性向上につながる農業ICTサービスで、温室内環境の見える化を実現する機能がある。

ソリューションを提供するパートナー企業にもメリット大

「IoT SELECTION」で提供されているIoTソリューションは、ソラコムのIoTプラットフォームに導入事例が掲載されている。したがって、自社で導入した際にどれくらいの効果が得られるのか、ある程度イメージできるという利点もある。パッケージ化されたソリューションのため、会員登録すれば導入までの手続きはすべてインターネットで完結できるのも魅力だ。

現在は、まだサービス開始から日が浅いため、「IoT SELECTION」にそろえられているソリューションはそれほど多くない。しかし、ソラコムのプラットフォームに商材を出品している認定パートナーは約100社。未認定のパートナーは約500社にもおよぶ。

こうしたパートナー企業が「IoT SELECTION」にエントリーするようになれば、ラインナップがさらに充実し、利用者は自社に適したIoTソリューションを容易に見つけられるようになるだろう。パートナー企業も、「IoT SELECTION」が商材の販売はもちろん、PRの場となるためメリットが大きい。森島氏も「今後、IoTソリューションの導入を検討する際に必ず確認するサイトにしたい」と話す。

「『IoT SELECTION』を通じて、IoT技術で事業化を進めるあらゆる企業の成長をサブスクリプションで支援するとともに、ご利用になられるお客様のデジタルトランスフォーメーションを促し、その先にある**サステナブルな社会を支えるインフラ構築に貢献**

するのが最終的な目標です」と、成瀬氏は意気込みを語る。

すでに多方面から反響があり、自社の商材を出品したいという要望も日に日に増えているという。IoT時代を切り開くこの新しいサービスに対する期待は今後、ますます高まっていくのではないだろうか。

最後に、BtoBのサブスクリプションを目指すメーカーが、「IoT SELECTION」から得られるインプリケーションは何だろうか。

筆者は本書の中で、サブスクリプションを目指すメーカーは、自社の製品を介してどのようなサービスが提供可能なのか、またそれは顧客のニーズに合致したものかをまず検討する必要があることを指摘した。「IoT SELECTION」で提供されるサービスは、**社会的な課題やニーズに向き合い、必要な機材やデバイスがセットになっている**。決して機材やデバイスの売上が目的ではない。顧客の指向がモノの所有から利用に変わり、こうしたソリューション提供型の企業が増加していくと、これからはメーカーにとっての競合先は他社メーカーではなく、これらの企業になっていくのかもしれない。

エピローグ

SMART
Subscription

本書にも通底するテーマを、別の視点から鋭く切り込んだ書籍がある。柴田友厚氏の『日本のものづくりを支えたファナックとインテルの戦略』（光文社新書）である。この本の中で、柴田氏は工作機械産業の革新史をファナックとインテルという2つの企業を切り口として描いている。かつて工作機械市場は米国がリードしていたのだが、CNC（コンピュータ数値制御）という新技術の台頭を境にして、それまで後ろを走っていた日本が先になり、米国は後塵を拝することとなった。CNC装置自体はまずは米国で開発されたのだが、インテルがMPUを発表するとファナックがいち早く自社のCNC装置へ導入し、これを搭載した日本の工作機械の競争力が飛躍的に高まった。ファナックはこれ以外にもモジュール化などさまざまな工夫を施していく。一方、米国の工作機械メーカーはCNCの自前主義に拘《こだわ》り、革新的な技術の導入や仕様の変更に慎重だったようである。柴田氏は「環境変化はチャンスでもあるし同時に脅威でもある」とし、「台頭する変化にやむなく受け身で対応するのではなく、どう創造的に対応できるのか、もっといえば、むしろ変化を作り出す側になれるかが盛衰の分岐点になるということを、本書で描いた革新史は教えてくれるのではないだろうか」と述べている。

いま、日本企業は多くの環境変化に直面している。そしてデジタル化の進展がその変化のスピードを猛烈な勢いで加速させている。いま成功しているビジネスモデルが今後いつまでも安泰であり続ける保証はどこにもない。そして思わぬところから第3のプレイヤーが現れてゲームチェンジが行われてしまう可能性がある。

第6章では、事例としてトヨタ自動車の「KINTO」を取り上げた。その中で同社の副社長である本條聡氏の「新車の国内販売台数が現在では半数近くに落ちているにもかかわらず、ビジネスモデルは以前のままです」とのコメントが興味深い。トヨタ自動車でさえもビジネスモデルの変革の必要性を痛感している。「KINTO」についてはユーザー数が増えていないなどの批評もあるようだが、おそらくそのようなことはトヨタ自動車にとっては想定内で、近い将来に起こり得る大きな地殻変動に備えて、そしてそのときでも覇権はずっとトヨタ自動車が握り続けるために、いまからできることを始めたのではないだろうか。

本書では第3世代のサブスクリプションである「SMARTサブスクリプション」について解説し、これが真価を発揮する分野の1つがBtoBの製造業であるとした。

我々はこうした企業の経営を司る方々からお話を伺う機会があるが、総じて環境変化に対して危機感を持たれ、ビジネスモデルの変革についての検討を社内で指示されているようだ。でもこれが現場に降りていくと、どんどん変革に対する抵抗感が増幅されていく。

「モノからコトへ、そのためにはサブスクリプションの導入だ」、これに異論を唱える人はあまりいない。でも実際に検討が開始されると、これまでの商習慣、販売ルート、営業成績計上ルールなどなど立ちはだかるものが次々と出てくる。これらを飲み込んでビジネスモデルの変革を進めるには、経営から現場までがビジョンと課題を共有するか、もしくは経営による強烈なリーダーシップが必要なのであろう。

本書のサブタイトルである「第3世代サブスクリプションがBtoBに革命を起こす！」には、多くの日本企業にサブスクリプションの導入検討を通じて、自社のビジネスモデルについて深く見つめ直していただきたいとの思いが込められている。「自社のビジネスモデルは環境変化に対応できるのか、第3のプレイヤーが現れてゲームチェンジが行われる可能性はないのか」、「自社の製品の中でサブスクリプション化することで顧客とさらに深い関係を築くことができるものはあるのか」、「自社の製品を介して顧客にどのようなソリューションを提供できるのか」、「自社が提供する製品やサービスは顧客のニーズに合致しているのか」、「顧客のニーズを汲み上げるための仕組みができているのか」などなど論点は多い。サブスクリプションがビジネスモデルの変革の万能薬には至らないまでも、検討する価値は十分あるし、何よりもビジネスモデルの変革の意識を経営から現場までが共有するきっかけにはなるはずだ。

そして目指すべきビジネスモデルの変革が、ＧＡＦＡ的な企業が指向する破壊的なイノベーションではなく、既存のエコシステムに配慮した建設的なイノベーションであれば、日本企業にとってはやりやすいはずだし、それは十分可能だと考えている。前述した「KINTO」でも、客との接点としてトヨタの販売店をそのまま温存している。

危機感を行動に変える、まずはできるところから始めてみる、少なくとも検討開始が早すぎたということはないだろう。本書が、日本企業が次の一歩を踏み出すきっかけとなれば、それこそが本懐である。

【著者紹介】
宮崎琢磨（みやざき　たくま）
大学在学時よりフリーランスのプログラマとして活動。1998年ソニー入社。パーソナルコンピュータ・PDA・映像・音楽・ネットワーク・ソフトウェアの領域を中心に商品企画・事業企画に従事。2005年ライセンスオンラインに参加。2006年ビープラッツを設立し、取締役CTOに就任。取締役CFOを経て、2018年ビープラッツが東京証券取引所マザーズに株式を公開。同年より取締役副社長（現職）。2019年サブスクリプション総合研究所を設立し、代表取締役社長に就任（現職）。東京大学卒、1972年生。

藤田健治（ふじた　けんじ）
1992年三井物産入社。日本ユニシス、シマンテックなどIT分野を担当。2002年ライセンスオンラインを設立し代表取締役社長に就任。2006年三井物産を退職後、ビープラッツを設立し、代表取締役社長に就任（現職）。2018年ビープラッツが東京証券取引所マザーズに株式を公開。2019年サブスクリプション総合研究所を設立し、取締役に就任（現職）。自称「日本で一番サブスクリプションを知る男」。東京工業大学卒、1969年生。

小澤秀治（おざわ　しゅうじ）
1985年第一勧業銀行（現みずほ銀行）入行。2000年みずほ証券に出向、引受業務、投資銀行業務に従事し、重工業・機械セクターを中心とした製造業を担当。2013年東京センチュリーリース（現東京センチュリー）に転籍、2016年執行役員、2019年常務執行役員（現職）。ビープラッツとの資本業務提携締結によりサブスクリプション事業の立ち上げを行い、推進体制を構築。2019年サブスクリプション総合研究所取締役に就任（現職）。早稲田大学卒、日本証券アナリスト協会検定会員、1961年生。

SMART サブスクリプション
第3世代サブスクリプションがBtoBに革命を起こす！

2019年10月17日発行

著　者――宮崎琢磨／藤田健治／小澤秀治
発行者――駒橋憲一
発行所――東洋経済新報社
〒103-8345　東京都中央区日本橋本石町1-2-1
電話＝東洋経済コールセンター　03(5605)7021
https://toyokeizai.net/

装　丁…………中村勝紀
印刷・製本……藤原印刷
　Printed in Japan　ISBN 978-4-492-96169-8